老年社会工作

赖　青　主审

徐杨超　方　红　宋　彧　主编

图书在版编目（CIP）数据

老年社会工作 / 徐杨超，方红，宋彧主编. -- 北京：中国人口与健康出版社，2025.6
ISBN 978-7-5101-9737-6

Ⅰ. ①老… Ⅱ. ①徐… ②方… ③宋… Ⅲ. ①老年人-社会工作 Ⅳ. ①C913.6

中国国家版本馆 CIP 数据核字(2024)第 035694 号

老年社会工作

LAONIAN SHEHUI GONGZUO

徐杨超　方　红　宋　彧　主编

责任编辑	杨际航
责任设计	刘海刚
责任印制	任伟英
出版发行	中国人口与健康出版社
印　　刷	三河市悦鑫印务有限公司
开　　本	787 毫米 × 1092 毫米　1/16
印　　张	13
字　　数	324 千字
版　　次	2025 年 6 月第 1 版
印　　次	2025 年 6 月第 1 次印刷
书　　号	ISBN 978-7-5101-9737-6
定　　价	45.00 元

微信 ID	中国人口与健康出版社		
图书订购	中国人口与健康出版社天猫旗舰店		
新浪微博	@中国人口与健康出版社		
电子信箱	rkcbs@126.com		
总编室电话	（010）83519392	发行部电话	（010）83557247
办公室电话	（010）83519400	网销部电话	（010）83530809
传　　真	（010）83519400		
地　　址	北京市海淀区交大东路甲 36 号		
邮　　编	100044		

本书编委会

主　审　赖　青

主　编　徐杨超　方　红　宋　彧

副主编　夏　丽　鲁礼平　李　娟

　　　　刘丽红　刘　贺

前言

随着经济社会的发展和医疗水平的提高，我国居民的平均寿命不断延长，老年人口的比例逐渐增加。到 2035 年前后，我国将进入重度老龄化阶段。人口老龄化进程的加快，使得整个社会对养老服务的需求持续增加。

民政部等 12 部门联合印发的《关于加强养老服务人才队伍建设的意见》指出："鼓励养老服务机构通过内设专业社会工作科室、设置专门岗位或与社会工作服务机构、乡镇（街道）社工站合作等方式，支持社会工作专业人才为老年人提供心理疏导、社会融入、资源链接等服务。事业单位性质的养老服务机构原则上设置以专业社会工作岗位为主体的专业技术岗位。到 2025 年，推动实现每千名老年人、每百张养老机构床位均拥有 1 名社会工作者。"

为了推动新时代养老服务高质量发展，培养出一批德技兼备的老年社会工作专业人才，编者组织行业专家，在大量收集、分析最新资料的基础上，精心编写了本书。

具体而言，本书具有以下特色。

1 三位一体，立德树人

党的二十大报告指出："育人的根本在于立德。"为贯彻党的二十大精神，积极践行"价值塑造、能力培养、知识传授"三位一体的育人理念，本书每个项目首页设有"素质目标"，正文中设有"助老为乐"等模块，潜移默化地培育学生的道德品质和人文精神，引导学生关心老年群体、重视老龄事业，推动尊老、敬老、爱老、助老在全社会蔚然成风。

2 校企合作，职业引领

在编写本书的过程中，编者得到了多家社会工作服务机构和养老机构的支持，在一些长期在一线工作的老年社会工作者的详细指导下对本书进行了完善，从而使本书内容更加符合岗位实际。同时，编者在本书中融入了部分社会工作服务机构和养老机构提供的案例和图片，有助于学生更深入地了解老年社会工作理论知识在实践中的具体应用。

此外，本书参考《全国助理社会工作师职业水平考试大纲（2018）》编写而成，将教学内容与职业资格考试内容相结合，在提高学生应试能力的同时，进一步提高专业人才培养与职业岗位需求的匹配度。

3 来源权威，内容准确

在编写本书的过程中，编者参考了《老年社会工作服务指南》（MZ/T 064—2016）、《社会工作方法 个案工作》（MZ/T 094—2017）、《社会工作方法 小组工作》（MZ/T 095—2017）、《社区社会工作服务指南》（MZ/T 071—2016）等文件，以确保本书内容准确无误、严谨可靠。

4 体例新颖，有趣实用

为了充分体现实用性、先进性和创新性，编者按照“项目引领、任务驱动”的思路编排本书内容，这样既有助于教师更好地推进教学工作，又有助于学生理解和掌握知识点。

本书由七个项目构成，每个项目分为若干任务。每个任务均以一个虚拟情景导入，并以提问的形式引出正文，可以激发学生的学习兴趣，引发学生思考。理论知识部分穿插了“拓展阅读”“课堂互动”“经典案例”“小贴士”等模块，可以帮助学生深入理解所学知识、拓宽视野，并增强课堂教学的趣味性。每个任务后均设有“任务实施”，可以让学生在丰富多样的实践活动中应用所学知识，从而提高实践操作能力。此外，每个项目后还设有“学习成果自测”和“学习成果评价”，可以帮助学生检验学习成果、巩固所学知识。

5 平台辅助，资源丰富

本书配有丰富的数字资源，读者既可以借助手机或其他移动设备扫描二维码观看微课视频，也可以登录文旌综合教育平台“文旌课堂”查看和下载本书配套资源，如优质课件、教案、“学习成果自测”答案等。读者在阅读过程中如有任何疑问，都可以登录该平台寻求帮助。

特别说明：

（1）编者在编写本书的过程中，参考了大量资料并引用了部分文字、图片等。大部分引用的资料已获授权，但由于一小部分资料来自网络，我们未能确认出处，也暂时无法联系到原作者。对此，我们深表歉意，并欢迎原作者随时与我们联系，我们将按规定支付稿酬。

（2）本书没有注明资料来源的案例均为编者自编或根据真实事件改编。

本书配套资源下载网址和联系方式

网址：https://www.wenjingketang.com

电话：400-117-9835

邮箱：book@wenjingketang.com

项目一 老年社会工作概述 …… 1

任务一 了解老年社会工作 …… 2

任务导入 …… 2

一、什么是老年社会工作 …… 2

二、老年社会工作的目标 …… 2

三、老年社会工作的相关理论 …… 3

四、老年社会工作的内容 …… 5

五、老年社会工作的流程 …… 11

任务实施 …… 13

任务二 做合格的老年社会工作者 …… 13

任务导入 …… 13

一、老年社会工作者的角色定位 …… 14

二、老年社会工作者的职业道德 …… 16

三、老年社会工作者的知识和能力要求 …… 18

任务实施 …… 19

学习成果自测 …… 20

学习成果评价 …… 22

项目二 老年个案工作 …… 23

任务一 认识老年个案工作 …… 24

任务导入 …… 24

一、什么是老年个案工作 …… 24

二、老年个案工作的主要内容……24
三、老年个案工作的原则……26
任务实施……27
任务二　熟悉老年个案工作的服务模式……27
任务导入……27
一、危机干预模式……28
二、心理社会治疗模式……31
三、理性情绪治疗模式……33
四、认知行为治疗模式……36
任务实施……38
任务三　掌握老年个案工作的基本流程……38
任务导入……38
一、接案……39
二、收集资料……41
三、预估……43
四、制订服务计划……47
五、签订服务协议……49
六、实施服务计划……49
七、评估与结案……51
任务实施……54
任务四　熟悉老年个案工作的技巧……55
任务导入……55
一、会谈技巧……55
二、访视技巧……61
三、评估技巧……61
任务实施……61
学习成果自测……62
学习成果评价……64
项目三　老年小组工作……65
任务一　认识老年小组工作……66
任务导入……66
一、什么是老年小组工作……66
二、老年小组工作的内容……66
三、老年小组工作的功能……69

四、老年小组工作的原则……70
任务实施……71
任务二 熟悉老年小组工作的服务模式……72
任务导入……72
一、互动模式……73
二、发展模式……74
三、社会目标模式……75
四、治疗模式……76
任务实施……77
任务三 掌握老年小组工作的基本流程……78
任务导入……78
一、准备阶段……78
二、实施阶段……83
三、结束阶段……88
任务实施……90
任务四 熟悉老年小组工作的技巧……91
任务导入……91
一、沟通技巧……91
二、组织老年小组讨论的技巧……93
三、设计老年小组活动的技巧……96
任务实施……96
学习成果自测……97
学习成果评价……99
项目四 老年社区工作……100
任务一 认识老年社区工作……101
任务导入……101
一、什么是老年社区工作……101
二、老年社区工作的内容……101
三、老年社区工作的原则……106
任务实施……106
任务二 熟悉老年社区工作的服务模式……107
任务导入……107
一、地区发展模式……107
二、社会策划模式……110

三、社区照顾模式 …… 112

任务实施 …… 114

任务三　掌握老年社区工作的基本流程 …… 115

任务导入 …… 115

一、进入社区 …… 115

二、熟悉社区 …… 117

三、建立和管理社区组织 …… 120

四、制订老年社区工作计划 …… 121

五、实施老年社区工作计划 …… 123

六、评估老年社区工作 …… 123

任务实施 …… 124

任务四　熟悉老年社区工作的技巧 …… 125

任务导入 …… 125

一、培养老年志愿者的技巧 …… 125

二、与社区老年人接触的技巧 …… 126

三、社区资源分析的技巧 …… 127

四、培养社区老年骨干的技巧 …… 128

任务实施 …… 129

学习成果自测 …… 129

学习成果评价 …… 131

项目五　老年社会工作行政 …… 132

任务一　认识老年社会工作行政 …… 133

任务导入 …… 133

一、什么是老年社会工作行政 …… 133

二、老年社会工作行政的特点 …… 134

三、老年社会工作行政的功能 …… 135

四、老年社会工作行政组织体系 …… 136

任务实施 …… 138

任务二　掌握老年社会工作行政的基本流程 …… 138

任务导入 …… 138

一、环境分析 …… 139

二、方案策划 …… 139

三、人员部署 …… 141

四、资金募集 …… 141

五、关系协调 …… 143
六、工作评估 …… 144
任务实施 …… 145
学习成果自测 …… 145
学习成果评价 …… 147

项目六 老年社会工作研究 …… 148

任务一 认识老年社会工作研究 …… 149
任务导入 …… 149
一、什么是老年社会工作研究 …… 149
二、老年社会工作研究的特点 …… 150
三、老年社会工作研究的功能 …… 152
任务实施 …… 153
任务二 熟悉老年社会工作研究的方法 …… 153
任务导入 …… 153
一、定量研究 …… 154
二、定性研究 …… 157
三、非干扰性研究 …… 160
四、行动研究 …… 161
任务实施 …… 161
学习成果自测 …… 162
学习成果评价 …… 164

项目七 针对特殊老年人的社会工作服务 …… 165

任务一 服务失智老年人 …… 166
任务导入 …… 166
一、什么是失智老年人 …… 166
二、失智老年人的症状 …… 166
三、服务失智老年人的方法 …… 168
任务实施 …… 172
任务二 服务空巢老人 …… 172
任务导入 …… 172
一、什么是空巢老人 …… 173
二、空巢老人面临的问题 …… 173
三、服务空巢老人的方法 …… 174

任务实施 …… 179
任务三　服务受虐待老年人 …… 179
任务导入 …… 179
一、虐待老年人的类型 …… 180
二、受虐待老年人的评估 …… 182
三、服务受虐待老年人的方法 …… 184
任务实施 …… 186
任务四　服务临终老年人 …… 187
任务导入 …… 187
一、临终老年人的需求 …… 187
二、服务临终老年人的方法 …… 188
任务实施 …… 190
学习成果自测 …… 191
学习成果评价 …… 193
参考文献 …… 194

项目一 老年社会工作概述

项目引言

近年来，我国人口老龄化呈加速发展态势。在此背景下，如何保障老年人的生活、满足老年人的需求，成为整个社会的重要议题。开展老年社会工作，能够适应我国的现实需要，助力养老服务体系的建设。老年社会工作者应恪守职业道德，以专业知识和能力为老年人及其家庭提供相应的为老服务。

知识目标

- 理解老年社会工作的含义、目标和相关理论。
- 熟悉老年社会工作的内容，掌握老年社会工作的流程。
- 理解老年社会工作者的角色定位。
- 了解老年社会工作者的职业道德。
- 熟悉老年社会工作者的知识和能力要求。

素质目标

- “尊老敬老是中华民族的传统美德，爱老助老是全社会的共同责任”，做尊老、敬老、爱老、助老的倡导者和践行者。
- 恪守老年社会工作者的职业道德，秉持“以人为本、助人自助”的专业价值观。
- 积极投身老年社会工作，助力构建老年友好型社会。

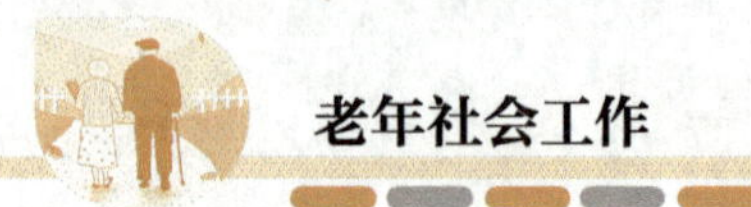

任务一 了解老年社会工作

任务导入

小李是一名社会工作专业的毕业生，平时热衷于公益事业，参加过许多为老服务志愿活动。

一天，小李看到A社区宣传栏里贴着一则招募启事。原来，随着社区老年人逐渐增多，A社区养老服务中心需要招募一批工作人员，协助老年社会工作者开展老年社会工作。这让小李十分心动，她非常希望能够为老年人出一份力，于是立刻报了名。

思考：

（1）什么是老年社会工作？

（2）老年社会工作的内容有哪些？

一、什么是老年社会工作

老年社会工作是指老年社会工作者运用专业知识帮助老年人解决问题，从而提高老年人生活和生命质量的专业服务活动。

具体来说，老年社会工作具有以下内涵：

（1）老年社会工作的对象是老年人及其家庭。老年人在日常生活、社会活动等方面会面临各种困难，需要老年社会工作者为其提供相应的服务。此外，当老年人家属因老年人照料问题产生困扰、与老年人关系紧张时，也需要老年社会工作者对其进行帮助和辅导。

（2）老年社会工作是一项专业的助老活动。只有专业的老年社会工作者运用专业知识和能力，老年社会工作才能顺利开展，这使它有别于一般的帮助老年人的公益活动。

（3）老年社会工作以老年人为核心，旨在挖掘老年人的潜能，维持和改善老年人的社会功能，提高老年人的生活和生命质量。

二、老年社会工作的目标

老年社会工作一般有五大目标，具体如下。

（一）满足老年人的需求

满足老年人的需求是老年社会工作最基本的目标。老年社会工作者应在了解和评估老年人真实需求的基础上开展老年社会工作，并且充分尊重老年人的意愿。

（二）帮助老年人有效利用各种社会资源

由于受到身体状况或知识水平的限制，不少老年人无法有效利用社会资源，面临着各种老龄问题。因此，老年社会工作者应帮助老年人有效利用各种社会资源，包括老年人的家属、朋友等所拥有的资源以及政府、社会组织等所提供的资源。

小贴士

老龄问题也称老龄社会问题，包括老年人问题和老龄化问题。其中，老年人问题是指有关老年人社会保障和权益保护的问题，涉及老年人收入保障、医疗保健、住房、饮食、教育、心理等方面的特殊需求；老龄化问题是指有关老年人口比重增加对社会经济发展产生影响的问题。

（三）促进老年人社会参与

人是社会中的人，任何人都要在社会互动中认识自我、发展自我，老年人也不例外。老年社会工作者应组织开展老年文化体育活动和“银龄行动”，引导老年人积极参与，从而帮助老年人丰富精神文化生活，扩大社会关系网络，促进自我价值实现。

（四）提高老年人的自助能力

随着年龄的增长，老年人会面临许多问题，从而对个人能力产生怀疑，出现沮丧、悲观等消极情绪。老年社会工作者应以提高老年人的自助能力为目标，帮助老年人增加知识储备，提高解决问题和适应社会的能力，使老年人能够运用科学的方法延缓生理和心理老化，从根本上减少老龄问题。

（五）推动老年社会政策日益完善

老年社会工作者应积极践行老年社会政策，合理利用相关政策解决老年人的问题，使老年社会政策理论在实践中不断丰富，同时便于有关部门了解老年社会政策的实用性和有效性，从而推动老年社会政策不断发展和完善。

三、老年社会工作的相关理论

与老年社会工作相关的理论多种多样，以下简要介绍几种常见的理论。

（一）生命历程理论

生命历程理论认为，个体的生命历程是由多个生命事件（如上学、工作、结婚等）构成的序列，同一组生命事件的排序不同，对个体人生的影响也有所不同。

生命历程理论的主要观点如下：

（1）个体所处的历史时期和社会环境对其生活具有重要影响。

（2）个体可以在一定的历史时期和社会环境中有计划、有选择地构建自己的生命历程。

（3）不同个体的生命历程之间是相互关联的，人总是生活在一定的社会关系中，并受到社会关系的影响。

（4）个体的发展和老化是贯穿一生的，生命事件及其后果会随着个体的发展而发生变化。

小贴士

生命历程理论对老年社会工作的启示如下：① 要用发展的眼光看待老龄问题，积极解决老龄问题；② 要将老龄问题放在社会背景中，用联系的眼光看待和解决老龄问题；③ 构建社会关系网络有利于促进老年社会工作的发展。

（二）社会撤离理论

社会撤离理论认为，老年人要想愉快地生活，就要减少职业性和社交性的活动，避免产生情感性的人际关系。

社会撤离理论的主要观点如下：

（1）随着年龄的增长，老年人身体机能逐渐衰退，不再符合社会对其赋予的角色期待。因此，老年人应主动从社会中撤离，担任更为次要的社会角色。

（2）老年人的撤离是双向的。一方面，随着自身精力的下降，老年人会主动减少对外部世界的关注，更少地参与社会活动；另一方面，由于老年人无法实现社会的期望，社会也会主动撤离老年人。

（3）老年人的撤离既有利于老年人，也有利于社会。一方面，老年人可以更加关注自身的生命体验，过上平静而舒适的晚年生活；另一方面，老年人的撤离为年轻人提供了更多的机会，有利于促进社会的稳定发展。

社会撤离理论的利与弊

小贴士

社会撤离理论不适用于仍然精力充沛且愿意参与社会活动的老年人，因此在运用社会撤离理论解决老年人的问题时，还应充分考虑老年人的身体状况与个人意愿。

（三）老年人活动理论

老年人活动理论认为，老年人应积极参与社会活动，以延缓衰老、提高生活质量。

老年人活动理论的主要观点如下：

（1）老年人与其他年龄段的人一样，具有心理需求和社会需求。大多数老年人应积极参与社会活动，尽可能缩短自身与社会的距离。

（2）老年人参与社会活动的水平、次数等受其过去的生活方式和社会经济发展状况的影响。

（3）老年人应维持和适当发展体力、智力，主动担任一些新的社会角色，发挥晚年余热。

小贴士

根据老年人活动理论，老年社会工作者不仅应鼓励老年人积极参与社会活动，还应积极为老年人提供更多参与社会活动的机会。

（四）老年人连续性理论

老年人连续性理论强调个性在个体老化过程中的重要作用，鼓励老年人坚持个性。该理论认为，不管是年轻还是年老，人们都有不同的个性和生活方式，一个人如果在老年时仍能保持中年时的个性和生活方式，就会拥有幸福的晚年。

课堂互动

2021 年 11 月 18 日，《中共中央 国务院关于加强新时代老龄工作的意见》发布。该文件中指出："把积极老龄观、健康老龄化理念融入经济社会发展全过程。"其中，积极老龄观是指充分认识人口老龄化带来的问题和挑战，深入挖掘老龄社会潜能，激发老龄社会活力；健康老龄化是指从生命发展全过程的角度，对所有影响健康的因素进行综合、系统的干预，营造有利于老年健康的社会支持和生活环境，提高老年人的健康水平。

请问：积极老龄观、健康老龄化理念体现了上述哪种理论？

四、老年社会工作的内容

老年社会工作的内容可分为帮助老年人摆脱困境和满足老年人发展需求两个方面。其中，前者是指帮助老年人解决经济、医疗、心理等方面的困难，后者是指满足老年人接受老年教育、参与社会活动等方面的需求。

具体来说，老年社会工作包括以下内容。

（一）救助服务

一些老年人由于遭受自然灾害、失去劳动能力、无生活来源或收入较低、无法定赡养人等，在经济、医疗、心理等方面会出现困难，需要接受社会救助。对此，我国推行了一系列社会救助制度，如最低生活保障制度、特困人员救助供养制度、医疗救助制度、住房救助制度等，以保障老年人的基本生活。

老年社会工作者应充分发挥社会救助制度的优势，为老年人提供救助服务，具体包括以下内容：

（1）评估老年人，特别是空巢、高龄、失能、计划生育特殊家庭（即独生子女伤残或死亡后未再生育或收养子女的家庭）老年人的基本物质生活条件和经济状况，了解老年人的需求。

（2）协助符合条件的老年人申请最低生活保障、特困人员供养、医疗救助、住房救助、受灾人员救助、临时救助等社会救助。

（3）积极与有关机构建立联系，协助有需要的老年人获得捐赠、帮扶和志愿服务。

（4）关注老年人的心理健康和发展需求，提供相应的心理疏导、能力提升、社会融入等服务。

提供社会救助服务，绘就困难老年人幸福底色

长沙市天心区文源街道社工站始终以社会救助对象为服务重点，积极探索社会救助体系机制，持续强化服务助困效能，让困难老年人的获得感、幸福感大幅提升。

1. 精细化分人分类建档，精准提供服务

该社工站的老年社会工作者对街道275户居民进行了入户探访，收集了困难老年人的相关信息并建立了服务档案，然后结合专业优势，为老年人提供心理疏导、社会融入等服务，做到多元化救助。

同时，老年社会工作者对服务对象进行分类分级管理。例如，对于辖区内的特困供养人员、低保户和边缘户，老年社会工作者会不定期进行上门慰问，提供陪伴关爱等服务；对于身体状况良好的老年人，老年社会工作者会邀请他们参与社区活动，让他们在活动中敞开心扉、收获快乐。

2. 联动社会爱心资源，精准对接帮扶

该社工站以"五社联动"（"五社"即社区、社会组织、社会工作者、社区志愿者、社会慈善资源）为抓手，积极联动社会各方力量，从辖区内企事业单位筹集7万余元，拓宽了困难老年人的社会救助渠道，在兜底保障的前提下努力增强群众幸福感。

王奶奶是该社工站的救助对象之一，每月可以领取救助物资。老年社会工作者在发放物资时发现王奶奶住得远，而且腿脚不便，便组建了由老年社会工作者、志愿者组成的服务队伍，定期去王奶奶家中探访，为她送去救助物资，并为她提供政策宣传、心理疏导、照料护理、康复训练、资源链接、能力提升等服务，让王奶奶感受到来自社会各界的关爱。谈及老年社会工作者和志愿者，王奶奶笑道："他们每个月都来看我，陪我聊

家常，帮我做家务，在我遇到困难时他们第一时间赶过来，逢年过节还给我送米和油，跟亲生孩子一样。”

（资料来源：谭思炼、武为丽，《天心区文源街道积极探索社工+社会救助模式，精准对接居民需求》，红网，2023 年 11 月 22 日）

（二）权益保障

老年人作为相对弱势的社会群体，其合法权益容易受到侵害。为了保障老年人合法权益，我国制定了《中华人民共和国老年人权益保障法》（以下简称《老年人权益保障法》）等一系列法律法规。

老年社会工作者应根据相关法律法规开展工作，为保障老年人合法权益提供保障，具体包括以下内容：

（1）维护和保障老年人财产处置和婚姻自由的权益。

（2）发现并及时举报老年人受虐待、被遗弃等权益损害事项。

（3）开展社会宣传和公众教育，防止老年人受到歧视、侮辱和其他不公平、不合理的对待。

（4）协助符合条件的老年人享受社区和社会工作服务机构（以下简称“机构”）的各项养老服务、获得老年人补贴和高龄津贴等。

（三）照顾安排

由于身体机能衰退和受疾病困扰，部分老年人会面临生活不能自理等问题，需要他人提供生活照料方面的帮助。

老年社会工作中的照顾安排具体包括以下内容：

（1）组织开展老年人能力评估，包括日常生活活动、精神状态、感知与沟通、社会参与等方面的评估，为老年人建立照顾档案。

（2）协助有需要的老年人获得居家照顾和社区日间照料等服务。

（3）协助有需要的老年人申请机构养老服务。

（4）协调老年人的长期照顾安排，特别是居家照顾、社区日间照料和机构照顾之间的衔接。

（5）协助照料者提高相关技能，如为照料者提供健康咨询服务、开展老年人护理技能培训等。

（四）精神慰藉

老年人在面对社会地位下降、社会活动减少、身体素质变差、亲友离世等情况时，容易产生抑郁等心理问题。因此，老年社会工作者应关注老年人的心理状况，帮助老年人缓解精神压力，保持健康的心态。

老年社会工作中的精神慰藉具体包括以下内容：

（1）识别老年人的认知和情绪问题，必要时协调专业人士对老年人的认知和情绪问题进行评估或诊断。

（2）为有需要的老年人提供心理辅导、情绪疏解、认知调节等服务，帮助老年人摆脱抑郁、焦虑、孤独等心理问题的困扰。

（3）协助老年人获得家属和亲友的尊重、关怀和理解。

（4）帮助老年人适应角色转变，重新界定老年生活价值，认识人生意义，激发对生活的信心和希望。

（五）社会支持网络建设

社会支持网络是指能够提供物质资源和社会情感资源的社会关系网。随着生理、心理发生变化，老年人越来越需要周围的人为其提供支持，因此，老年社会工作者应尽力为老年人建设良好的社会支持网络。

老年社会工作中的社会支持网络建设具体包括以下内容：

（1）对老年人的社会支持网络进行个人层面和社区层面的评估。其中，个人层面的评估内容包括可给予老年人支持的人数、类型、距离等，社区层面的评估内容包括一定区域内的老年人的问题与需求、资源配置情况和需求满足情况等。

（2）综合采用各种策略强化老年人的社会支持网络，包括提高老年人的自我支持能力、动员老年人的家属、促进邻里互助、求助志愿者、增强社区权能等。

（3）巩固社会支持网络成效，建立长效机制。

在进行老年人社会支持网络建设时，老年社会工作者首先应动员老年人的家属。如果老年人有具备赡养能力的家属但仍然存在家庭支持不足的问题，老年社会工作者应帮助老年人正确处理家庭关系。

（六）老年教育

随着社会发展步伐加快，终身学习的重要性日益突出。只有不断学习，才能适应不断发展的社会，而且许多老年人仍然拥有强烈的学习愿望。因此，重视老年教育，使老年人老有所学，也是老年社会工作的一项重要内容。

老年社会工作中的老年教育具体包括以下内容：

（1）对老年人的兴趣爱好和教育需求进行评估。

（2）开展有关医疗保健、文化传统、安全防范（如老年人防范诈骗宣传活动）、新兴媒介使用（如老年人智能手机使用培训）等方面的培训课程，帮助老年人增加知识储备，掌握各种生活技能。

（3）推动建立老年大学、老年学习社等多种类型的老年人学习机构和平台，拓宽老年人的学习渠道。

（4）鼓励和支持老年人组建各种学习交流组织，开展各种学习研讨活动，扩大老年人的社交范围。

（5）鼓励老年人将学习成果应用到实际生活中，让老年人能够更好地发挥余热，为社会服务。

拓展阅读

老年健康教育专项工程

2022 年，国家卫生健康委会同教育部、科技部等 15 部门联合印发《“十四五”健康老龄化规划》，提出要实施老年健康教育专项工程，具体包括以下内容：

（1）实施老年健康素养促进项目。监测老年人健康素养和中医药健康文化素养状况，开展有针对性的健康教育活动，不断提高老年人健康核心信息知晓率和老年人健康素养水平。

（2）开展老年健康宣传周活动。针对老年人的主要健康问题，每年确定一个主题，在全国城乡组织开展老年健康宣传周活动，营造有利于老年人健康生活的社会环境。图 1-1 为 2024 年全国老年健康宣传周活动海报。

图 1-1　2024 年全国老年健康宣传周活动海报

（七）社区参与促进

步入老年，老年人的社会活动逐渐减少。为了鼓励老年人与他人交往，体验老年生活的乐趣，实现老有所乐、老有所为，老年社会工作者应组织形式多样的社区活动，引导老年人积极参与。

老年社会工作中的社区参与促进具体包括以下内容：

（1）开展适合老年人的文化、体育、娱乐活动，培养老年人兴趣团体，提高老年人的社会活跃度，丰富老年人的社会生活。

（2）组织老年人积极参与各项志愿服务，培育老年志愿者队伍，发展老年志愿服务团体，使老年人在奉献、友爱、互助、进步的志愿精神中找到自我价值。

（3）支持老年人参与社区协商，如参与社区选举、社区议事会等，为社区发展出谋划策。

（4）拓宽老年人沟通和社区参与的渠道，促进老年人的社会融合。

小 贴 士

根据《老年社会工作服务指南》(MZ/T 064—2016)，除上述内容外，老年社会工作的内容还包括适老化环境改造、家庭辅导、咨询服务、政策倡导、老年临终关怀、危机干预等。

经典案例

社工千站暖万家

2023 年，河南省民政厅组织全省 1 922 个乡镇（街道）社工站的 3 000 余名社工，集中开展“社工千站暖万家行动”，为老年人提供暖心服务。

1. 入户探访，挖掘老年人的潜在需求

“我是老年社会工作者，来了解一下您家的情况……”社工站的老年社会工作者夏某敲开了王大爷的家门。王大爷家有 7 口人，他的妻子、儿子和儿媳都有不同程度的残疾，3 个孙子、孙女都未成年，全家靠低保金和残疾人两项补贴（即困难残疾人生活补贴和重度残疾人护理补贴）生活。夏某告诉王大爷：“您家还可以享受其他的保障政策，我们可以协助您办手续。”

夏某表示，他们每到一户，都会详细了解老年人的家庭成员、经济收入等情况，发现符合相关保障政策的就会及时告知。

“社工千站暖万家行动”开展以来，全省老年社会工作者入户探访老年人 22 万余人次，协助社会救助部门开展情况核查、建档访视、需求分析和政策宣传等工作，主动挖掘救助对象的潜在需求。

2. 把欢笑带进敬老院，老年社会工作者当起了“老师”

“一二三拍拍肩，我们健康要领先……”在某敬老院内，老年人们跟着老年社会工作者一起做健康操，脸上笑呵呵，心里美滋滋。该敬老院负责人吴某表示：“老年人都特别欢迎老年社会工作者来。”吴某还介绍说，院内入住的多为特困人员，没有子女，缺乏亲人陪伴，精神生活相对匮乏。

为了丰富敬老院老年人的精神生活，社工站还采用了园艺疗法。老年社会工作者将麦子、锯末、丝网、轻黏土等材料发给老年人，教他们做草头娃娃，叮嘱他们每天浇水。老年人们笑道，给草头娃娃浇水，还能提醒自己喝水。吴某表示，照料草头娃娃让老年人有了寄托，看着植物生长，老年人心里也愉悦。

“社工千站暖万家行动”开展以来，老年社会工作者已在全省 300 多个养老服务场所

开展了几百场活动，为老年人带去了欢笑。

3. 链接资源铺平康复路，技能培训送到家门口

“是社工站吗？我爸爸需要帮助……”某日，社工站接到一位男子的求助电话。该男子的爸爸老林 70 岁，几个月前做了脚部矫正手术，但术后恢复不理想，目前行动不便，生活不能自理。接到电话后，老年社会工作者入户详细了解情况，发现老林病情比较严重且家庭经济状况不佳，于是协助老林申请了资助补贴，并为他联系了康复医院……“有了老年社会工作者的帮助，我的康复之路越走越顺畅。”老林说。

此外，乡镇（街道）社工站还链接了很多资源，对老年人及其家属开展技能培训，如老年人饮食照料培训、按摩保健培训等。

（资料来源：祝闯，《河南省民政厅开展“社工千站暖万家行动”——把暖心事办到群众心坎上》，《中国社会报》2023 年 8 月 17 日）

五、老年社会工作的流程

老年社会工作的流程一般包括接案、预估、计划、介入、评估和结案六个阶段，如图 1-2 所示。

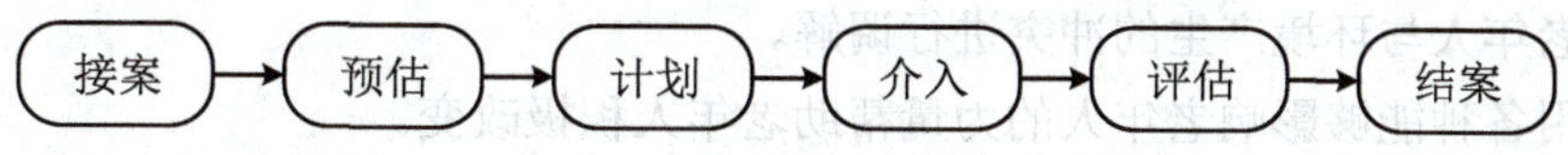

图 1-2　老年社会工作的流程

（一）接案

接案是指老年社会工作者与潜在服务对象开始接触，通过沟通初步达成协议，以共同解决问题的过程。接案阶段的主要工作如下：

（1）收集老年人资料。

（2）了解老年人的问题和需求，决定是否需要紧急介入。

（3）评估老年人的问题能否在老年社会工作者及其所在机构的能力范围内得到解决，必要时予以转介。

（4）与老年人或主要照料者建立专业关系。

（二）预估

预估是指老年社会工作者对老年人的需求和优势进行评定，以了解老年人的期待、个人能力、社会功能，以及面临的问题、可获得的社会资源的过程。预估阶段的主要工作如下：

（1）优先评估老年人面临的风险，如健康状况不佳、受虐待、抑郁、有自杀倾向等。

（2）根据实际情况，协调进行跨专业的综合性评估，包括评估老年人的问题、需求和资源状况等。

（3）与老年人共同决定解决问题的优先次序。

（三）计划

计划是指老年社会工作者与服务对象共同制订服务计划的过程。计划阶段的主要工作如下：

（1）邀请老年人及其家属参与服务计划的制订。

（2）设定服务计划的目的和目标，目标的设定应符合 SMART 原则，即具体（specific）、可衡量（measurable）、可达成（attainable）、相关联（relevant）、有时限（time-bound）。

（3）确定介入策略、行动步骤和进度安排。

（4）拟定对预期存在的困难和风险的应对策略和预案。

（5）明确老年社会工作者、老年人和照料者各自的任务和角色。

（6）制订过程评估和成效评估计划和相关指标。

（7）明确服务所需的人力、经费、设施设备等资源。

（四）介入

介入是指老年社会工作者按步骤实施行动计划的过程。介入阶段的主要工作如下：

（1）促使老年人及其家属和其他相关人员学会运用现有资源，注意发掘老年人所在社区或机构的资源，协调和链接各种与老年服务相关的资源和系统。

（2）对老年人与环境产生的冲突进行调解。

（3）运用各种能够影响老年人的力量帮助老年人积极改变。

（4）采用优势视角，鼓励和协助老年人发挥潜能。

（5）促进老年人所处环境的改善和老年社会政策的完善。

（五）评估

评估是指运用科学的研究方法和技术，系统地评价老年社会工作的介入结果（如介入是否有效、是否实现预期目标）的过程。评估阶段的主要工作如下：

（1）根据服务计划中制订的过程评估和成效评估计划开展评估。

（2）采用多种方式收集和分析与服务相关的资料，包括客观资料、主观感受与评价等。

（3）撰写评估报告。

（六）结案

结案是指老年社会工作者与服务对象共同计划结束彼此之间的专业关系的过程。结案阶段的主要工作如下：

（1）根据服务效果和具体情况确定能否结案。

（2）巩固老年人及其所处环境已有的变化。

（3）增强老年人独立解决问题的能力和信心。

（4）妥善处理老年人因结案产生的消极情绪。

（5）结案后提供跟进服务。

任务实施

分析老年社会工作的内容和流程

【任务描述】

赵先生，67 岁，丧偶独居，有一儿一女。子女均在国外工作，很少回来探望赵先生。随着年龄的增长，赵先生越发感到行动不便且记忆力变差，无法独立生活，因此希望能够在家中得到照料。于是，赵先生的女儿联系了一家能够提供居家养老服务的机构。该机构的老年社会工作者小孙了解赵先生的基本情况后，对赵先生进行了评估，并为其制订了服务计划，约定由该机构为赵先生提供以下服务：

（1）上门护理：定期上门对赵先生进行身体检查和护理，如测量血压、血糖等。

（2）照顾安排：协助赵先生完成日常生活起居，如洗漱、穿衣等，同时提供营养配餐服务，确保赵先生的饮食健康。

（3）家庭支持：为赵先生提供心理支持和陪伴，帮助赵先生调整心态、缓解心理压力，同时提供电器维修、家居保洁等服务。

请根据上述案例分析老年社会工作的内容和流程。

【任务要求】

（1）学生自由分组，每组 6～8 人，并选出一名小组长。

（2）小组成员根据所学知识，就以下问题进行讨论：① 上述案例体现了老年社会工作的哪些内容？② 老年社会工作的流程是怎样的？接下来，该机构还要做什么？

（3）小组长汇总、整理讨论结果，并在课堂上进行分享。

（4）主讲教师对各小组的表现进行点评。

任务二　做合格的老年社会工作者

任务导入

老王是 A 社区一名资深的老年社会工作者，也是小李的师傅。老王曾受过心理学专业教育，后进修社会工作专业，已从事老年社会工作十余年，工作经验丰富。

一天，A 社区养老服务中心接到志愿者的求助电话。原来，社区里有一位老先生常年因病卧床，一直是妻子陪伴在他左右，近期，老先生的妻子骤然离世，对老先生产生了巨大的打击，志愿者希望 A 社区养老服务中心能够委派一名经验丰富的老年社会工作者为老先生提供服务，帮助老先生走出困境。老王听说此事，决定上门探访，小李也一同前往。

老先生性格要强，且正处于心情悲伤的阶段，因此对老王和小李十分抗拒，一直重复说着“不需要你们上门”。小李感到十分沮丧，但老王始终保持耐心，并选择改变策略——先通过电话与老先生建立联系。经过老王的多次沟通，老先生逐渐敞开心扉，并主动向老王倾诉了家里之前和现在的情况。老王则根据老先生的具体情况为其提供心理辅导服务，并积极帮助其建设社会支持网络。看着老先生在老王的关心和帮助下逐渐好转，小李暗自下定决心：一定要成为像老王一样专业而优秀的老年社会工作者。

思考：

（1）什么是老年社会工作者？

（2）在开展老年社会工作的过程中，老年社会工作者扮演了哪些角色？在上述案例中，老王扮演了哪些角色？

（3）老年社会工作者应该具备哪些知识和能力？

老年社会工作者是指从事老年社会工作且具有相应资质的人员，包括助理社会工作师、社会工作师和高级社会工作师。

一、老年社会工作者的角色定位

在实践过程中，老年社会工作者扮演着服务提供者、支持者、关系协调者、管理者和政策建议者等多重角色。

（一）服务提供者

服务提供者是老年社会工作者的首要角色，老年社会工作者应为老年人及其家庭提供各种直接服务和间接服务。其中，直接服务主要包括提供物质帮助、心理辅导、提供政策信息等；间接服务主要包括以统筹社会资源、推动一线社会工作服务为主要内容的社会工作行政和以厘清社会问题的成因、探索解决问题的具体方法为主要内容的社会工作研究。

间接服务对直接服务起着支持作用，在社会问题涉及的范围较大、内容较复杂、需要动用多方资源予以解决的情况下，间接服务具有一定优势并且能发挥重要作用。

（二）支持者

老年社会工作者不仅应为老年人提供物质、情感和社会关系上的支持，还应引导老年人适应新的社会环境，支持老年人充分挖掘自身的潜能，鼓励老年人自强自立、自主决策，以实现“助人自助”的目标。

（三）关系协调者

老年社会工作者应扮演好关系协调者的角色，帮助老年人学习处理人际关系的技巧，处理好与他人的关系，从而使老年人构建良好的社会关系网络。此外，老年社会工作者还应联系社会福利机构（如老年社会福利院、养老院、护老院、托老所等）、政府部门、行业协会

等，向他们争取资源，并对相关资源进行协调，以满足老年人的需求。

（四）管理者

老年社会工作内容丰富，流程复杂，因此老年社会工作者需要对其进行科学的管理。老年社会工作者应对工作流程进行科学设计，对工作过程进行有效控制，从而使老年社会工作能够合理、高效地开展。

（五）政策建议者

在落实相关政策以帮助老年人解决问题的过程中，老年社会工作者会发现某些具有普遍性的问题，从而在有关部门制定或修订政策时结合自身的工作经验提出合理的建议，有利于推动老年社会政策不断完善。

课堂互动

良爷爷是一位独居老年人，身体状况较差。一天，因天气寒冷，良爷爷脚部痛风复发，难以行走。社区的老年社会工作者得知后，采取了以下措施：安排志愿者照料良爷爷的日常生活，为良爷爷送餐；经常上门探望良爷爷，与良爷爷聊天，鼓励良爷爷积极面对生活。但由于年龄渐长，良爷爷身体状况日益变差。老年社会工作者对良爷爷的情况进行评估后，建议良爷爷搬到敬老院，以得到更好的医疗和生活照料服务，同时老年社会工作者积极联系敬老院，协商良爷爷入住事宜。

请问：在上述案例中，老年社会工作者扮演了哪些角色？

经典案例

高文钗：老年社会工作的拓荒者

“老年社会工作者不是万能的，但万事都是可能的，我们就是要想方设法把不可能变成可能。”这是江苏省苏州市社会福利总院社工科科长高文钗信奉的工作信条。入选民政部首批全国专业社会工作领军人才的他，已在老年社会工作者岗位上工作了 20 余年，是我国老年社会工作名副其实的拓荒者、领军者和参与者。

1. 拓荒者：“萤火虫”散发的微光

2002 年，高文钗作为苏州大学社会工作专业的首批毕业生之一，进入苏州市社会福利院（2013 年更名为苏州市社会福利总院）工作。那时，大众对老年社会工作的知晓度很低，工作伊始，在福利机构应该怎样做好老年社会工作？高文钗感到压力不小。

高文钗决定立足一线实务，从接触老年病中心的老年人开始。在和老年人朝夕相处的过程中，他收集了不少老年人的个案资料，并帮助老年人解决了很多实际问题。

例如，在老年人入院后帮助其适应环境，并做好权益维护、危机干预、心理护理等工作；策划国际风味美食节，让老年人品尝各色美食；开辟开心农场，让老年人体验种菜和丰收的乐趣；开办老年银行；开设老年广播站；创新 18 项非药物治疗方法；等等。

2．领军者：尝试做老年社会工作“推广大使”

2007 年，苏州市社会福利院被民政部确定为首批社会工作试点单位。福利院的社会工作走向科研与实务并重，高文�的工作也发生了变化。

每年他都要完成开展个案工作、小组工作，发展志愿者等基础工作，还要参与大量科研工作，工作紧张又富有挑战性。多年来，他在全国核心期刊发表 20 余篇论文，撰写的多个老年社会工作案例荣获全国及省、市一等奖……当时，老年社会工作对很多福利机构来说还是未知领域，高文钺受邀赴全国多家福利机构进行培训，并在相关期刊开设专栏，推广福利院的老年社会工作实务经验。

3．参与者：见证养老标准化时代到来

2013 年，苏州市社会福利总院迎来跨越式发展，成为集养护、康复、医疗、教育、技能培训于一体的综合性社会福利机构。与此同时，我国养老服务业驶入发展快车道。

在这个阶段，高文钺参与并见证了国家养老服务标准体系建设。他参与起草养老服务领域首个强制性国家标准《养老机构服务安全基本规范》，多次参与《养老机构服务质量基本规范》《养老机构顾客满意度测评》等标准的草案修改和研讨工作，受邀赴各地讲课，介绍经验……

在高文钺看来，扎实做好老年社会工作日志、个案档案，掌握全面的知识体系和沟通技巧，耐心、宽容地对待服务对象，是优秀老年社会工作者不可或缺的基本素养。“从长远来看，付出与回报终会成正比。”高文钺说。

（资料来源：马丽萍，《高文钺：养老社会工作的拓荒者》，《中国社会报》2022 年 10 月 9 日）

二、老年社会工作者的职业道德

老年社会工作者应践行社会主义核心价值观，恪守以下职业道德。

（一）尊重服务对象，全心全意服务

（1）以服务对象的正当需求为出发点，全心全意为服务对象提供专业服务，最大限度地维护服务对象的合法权益。

（2）平等对待和接纳服务对象，不因民族、种族、性别、户籍、职业、宗教信仰、社会地位、教育程度、身体状况、财产状况等因素而区别对待。

（3）尊重服务对象知情权，确保服务对象在接受服务的过程中，了解自身和机构的权利、责任和义务，以及获得服务的情况和可能由此产生的结果。

（4）在不违反法律、不妨碍他人正当权益的前提下，保护服务对象的隐私，对在服务过

程中获取的信息资料予以保密。

（5）培养、尊重和保障服务对象自我选择和自我决策的能力。

（6）不得利用与服务对象的专业关系，牟取私人利益或其他不当利益，损害服务对象的合法权益。

在老年社会工作实践中，如果服务对象没有能力进行选择和决策，社会工作者应根据法律或有关规定请求他人代行选择权和决策权。

（二）信任支持同事，促进共同成长

（1）与同事建立平等互信的工作关系。

（2）主动与同事分享知识、经验、技能，互相促进，共同成长，在必要时协助同事为服务对象提供服务，接受转介的工作。

（3）尊重其他老年社会工作者、专业人士和志愿者的不同意见和工作方法，以负责任的态度沟通问题、解决冲突。

（4）相互督促支持，对同事违反专业要求的言行予以提醒，对同事受到与事实不符的投诉予以澄清。

（三）践行专业使命，促进机构发展

（1）认同机构的发展目标，遵守机构的规章制度，按照机构赋予的职责为服务对象提供专业服务。

（2）积极维护机构的形象和声誉，在发表公开言论或进行公开活动时，应表明自己代表的是个人还是机构。

（3）致力推动机构遵循老年社会工作的专业使命和价值观，参与机构管理、促进机构成长。

老年社会工作的价值观

（1）每位老年人都有改变的能力和要求发展的内在潜能。

（2）每位老年人都是一个独特的个体。

（3）每位老年人都有尊严，而且这种尊严必须受到尊重。

（4）每位老年人都应该得到社会的关怀，尤其是患有疾病和面临其他困难的老年人。

(5) 每位老年人都有权利享受经济、社会发展的成果。

(6) 每位老年人都享有生存权、健康权、教育权、居住权、休息权、参政权等基本权利。

(7) 社会应该不断修订和完善有关老年人的社会政策与法律，为老年人的生存与发展提供良好的条件。

(四) 提高专业能力，维护专业形象

(1) 在提供专业服务时，应诚实、守信、尽责，积极维护专业形象。

(2) 不断内化和践行专业理念，持续提高专业知识和技能水平，促进专业功能的发挥和专业地位的提升。

(3) 继承中华民族优良传统，借鉴国际老年社会工作的优秀成果，总结我国老年社会工作的经验，推动我国老年社会工作的发展。

(五) 勇担社会责任，增进社会福祉

(1) 运用专业视角，发挥专业特长，参与相关政策法规的制定和完善，维护社会公平正义，增进社会福祉。

(2) 正确鼓励、引导老年人参与社会公共事务，推动社会建设。

(3) 推广专业服务，促进社会资源合理分配，使老年社会工作服务惠及老年人群体。

三、老年社会工作者的知识和能力要求

老年社会工作者作为专业的社会工作服务人员，在知识和能力方面应满足一定的要求。

(一) 知识要求

老年社会工作者的知识要求包括基础知识和专业知识两个方面。

1. 基础知识

老年社会工作者必须熟悉广博的基础知识，涉猎多个学科领域，如社会学、心理学、经济学、医学、教育学等，以更好地处理各种复杂的问题。此外，还应熟悉与老年社会工作相关的法律法规和政策，如《老年人权益保障法》《关于开展特殊困难老年人探访关爱服务的指导意见》《“十四五”健康老龄化规划》等。

2. 专业知识

老年社会工作者应掌握老年社会工作的内容、流程、方法等专业知识。其中，老年社会工作的方法包括个案工作、小组工作、社区工作等直接服务方法和社会工作行政、社会工作研究等间接服务方法。

(二) 能力要求

老年社会工作者应具备较强的社会交往能力、组织协调能力、决断能力等。

1. 社会交往能力

老年社会工作者在工作中既要与老年人和同事打交道，又要与社会福利机构、政府部门、行业协会的工作人员打交道，这就要求老年社会工作者具备较强的社会交往能力，能够娴熟地运用各种社会交往技巧，以促进老年社会工作顺利开展。

2. 组织协调能力

在工作中，老年社会工作者应根据具体的工作内容，对社会资源进行合理配置，同时协调和控制工作过程，以实现工作目标。例如，在社区工作中，为了实现丰富老年人精神文化生活的目标，老年社会工作者应整合各种资源组织老年活动，并动员社区中的老年人积极参与。这些都对老年社会工作者的组织协调能力提出了一定的要求。

如何提升老年社会工作者的组织协调能力

3. 决断能力

老年社会工作的服务对象及其处境是复杂多样的，老年社会工作者的工作情境也在不断变化。老年人面临着许多对他们造成较大困扰的亟待解决的问题，且老年人的生理、心理具有特殊性，任何不慎的决策都会对其造成影响。这就要求老年社会工作者具备较强的决策能力，在遇到实际问题时敢于决断，善于决断，针对不同的情况做出恰当的回应。

拓展阅读

助理社会工作师应具备的职业能力

根据《社会工作者职业水平评价暂行规定》第十七条的规定，助理社会工作师应具备以下职业能力：

（1）熟悉与社会工作业务相关的法律、法规、政策和行业管理规定，掌握基本的社会工作专业知识。

（2）能够与各类服务对象建立专业服务关系，对服务对象的问题做出预估，制订服务计划和服务协议，独立接案、结案并提供跟进服务。

（3）能够根据服务计划，运用专业方法和技术协助服务对象解决问题。

任务实施

采访老年社会工作者

【任务描述】

请以小组为单位，选择一名老年社会工作者进行访谈，并在班级内部进行分享。

【任务要求】

（1）学生自由分组，每组4～6人，并选出一名小组长。

（2）各小组在所在城市选择一名老年社会工作者作为访谈对象，并与访谈对象约定访谈时间和地点。注意：各小组应选择不同的访谈对象。

（3）小组成员确定访谈提纲，包括但不限于访谈对象的基本信息、工作职责、工作中发生的令其印象深刻的事情、工作感悟、对即将踏入老年社会工作领域的人的建议等。

（4）正式访谈。按照事先确定的访谈提纲进行访谈，确保访谈流畅且富有成效。在访谈过程中，可采用记笔记、录音、拍摄视频等方式对访谈内容进行记录。

（5）小组成员对访谈过程进行回顾和总结，小组长汇总和整理访谈资料，从中总结出老年社会工作者的职业道德、知识和能力要求，并制作PPT。

（6）小组长在课堂上分享访谈内容、访谈过程和访谈结果。

（7）主讲教师对各小组的表现进行点评。

学习成果自测

1．填空题

（1）老年社会工作的对象是____________及其家庭。

（2）______________________是老年社会工作最基本的目标。

（3）在实践过程中，老年社会工作者扮演着_______________、支持者、关系协调者、管理者和_______________等多种角色。

（4）老年社会工作者的能力要求包括_________________、_________________、决断能力等。

2．单项选择题

（1）老年社会工作以（　　）为核心。

A．专业知识　　B．老年社会工作者

C．老年人　　D．机构

（2）下列选项中，（　　）不属于生命历程理论的观点。

A．个体所处的历史时期和社会环境对其生活具有重要影响

B．个体可以在一定的历史时期和社会环境中有计划、有选择地构建自己的生命历程

C．不同个体的生命历程是相互独立的，人不会受到社会关系的影响

D．个体的发展和老化是终生过程，生命事件及其后果会随着个体的发展而发生变化

（3）老年社会工作中的照顾安排不包括（　　）。

A．为老年人更衣　　B．开展老年人护理技能培训

C．为照料者提供健康咨询服务　　D．组织开展老年人能力评估

（4）（　　）是老年社会工作的第一步。

A．预估　　B．接案　　C．评估　　D．计划

（5）下列选项中，（　　）属于老年社会工作的间接服务方法。

A．个案工作　　B．小组工作

C．社区工作　　D．社会工作行政

3．简答题

（1）老年社会工作的目标有哪些？

（2）简述老年社会工作中的救助服务和老年教育的具体内容。

（3）简述老年社会工作的流程。

（4）简述老年社会工作者的职业道德。

学习成果评价

请进行学习成果评价，并将评价结果填入表 1-1 中。

表 1-1 学习成果评价表

<table>
<tr><td>班级</td><td></td><td>组号</td><td></td><td>日期</td><td></td></tr>
<tr><td>姓名</td><td></td><td>学号</td><td></td><td>主讲教师</td><td></td></tr>
<tr><td>项目名称</td><td colspan="5">老年社会工作概述</td></tr>
<tr><td>评价项目</td><td colspan="3">评价内容</td><td>满分</td><td>评分</td></tr>
<tr><td rowspan="5">理论知识
（40%）</td><td colspan="3">老年社会工作的含义、目标和相关理论</td><td>8</td><td></td></tr>
<tr><td colspan="3">老年社会工作的内容</td><td>8</td><td></td></tr>
<tr><td colspan="3">老年社会工作的流程</td><td>8</td><td></td></tr>
<tr><td colspan="3">老年社会工作者的角色定位</td><td>4</td><td></td></tr>
<tr><td colspan="3">老年社会工作者的职业道德、知识和能力要求</td><td>12</td><td></td></tr>
<tr><td rowspan="2">实践技能
（40%）</td><td colspan="3">能够按照老年社会工作的流程开展工作</td><td>20</td><td></td></tr>
<tr><td colspan="3">能够准确进行职业定位，努力学习，达到老年社会工作者的知识和能力要求</td><td>20</td><td></td></tr>
<tr><td rowspan="4">综合素养
（20%）</td><td colspan="3">乐于学习，勤于学习，善于学习</td><td>5</td><td></td></tr>
<tr><td colspan="3">具备团队精神，积极与人合作</td><td>5</td><td></td></tr>
<tr><td colspan="3">做尊老、敬老、爱老、助老的倡导者和践行者</td><td>5</td><td></td></tr>
<tr><td colspan="3">始终秉持“以人为本、助人自助”的专业价值观</td><td>5</td><td></td></tr>
<tr><td colspan="4">合计</td><td>100</td><td></td></tr>
<tr><td>自我评价</td><td colspan="5"></td></tr>
<tr><td>教师评价</td><td colspan="5"></td></tr>
</table>

项目二 老年个案工作

项目引言

随着年龄的增长，老年人普遍面临着生理和心理衰老、社会角色和社会地位改变、亲人离世等复杂的状况。这些状况可能会导致老年人出现各种问题，甚至影响老年人的身心健康。通过老年个案工作，老年社会工作者能够从老年人问题出发，为老年人提供个性化的服务，从而维护老年人的身心健康，提高老年人的社会适应能力。

知识目标

- 理解老年个案工作的含义、主要内容和原则。
- 熟悉老年个案工作的服务模式。
- 掌握老年个案工作的基本流程。
- 熟悉老年个案工作的技巧。

素质目标

- 秉持“耐心、贴心、细心、关心、热心”的“五心”服务理念，助力老年人从“养老”变为“享老”。
- 根据每位老年人的具体情况为其提供个性化的服务，致力于满足老年人的多元化养老需求，做到具体问题具体分析。

任务一　认识老年个案工作

任务导入

刘老师，60 岁，曾是一名大学教授，和妻子李奶奶一起生活，两人有一个女儿晓华。刘老师十分热爱教育事业，退休前对自己的工作尽职尽责，休息日也会去学校做实验、写报告，日子过得十分充实。退休后，刘老师突然闲了下来，他对这种生活感到无所适从，不知道每天该做些什么。李奶奶劝他和自己一起参加社区活动，或者和社区里的老年人聊天、喝茶，但刘老师都不感兴趣。

最近，刘老师常常唉声叹气："人老了，活着真没意思。"这让李奶奶十分担忧，于是她向 A 社区养老服务中心求助。A 社区养老服务中心在了解刘老师的情况后，认为刘老师需要一对一服务，于是安排小李负责该个案。

思考：

（1）什么是老年个案工作？

（2）如果你是小李，你会向刘老师提供哪些服务？在个案工作中会遵循哪些原则？

一、什么是老年个案工作

老年个案工作是指老年社会工作者以个别化的工作方式，为老年人及其家庭解决困难的专业社会工作方法。

在老年个案工作中，老年社会工作者一对一地为老年人及其家庭提供服务，旨在增强老年人对社会环境的适应性，恢复或改善其社会功能。

二、老年个案工作的主要内容

（一）协助老年人认识和接受老年阶段的变化

步入老年阶段后，老年人的收入水平下降，生活方式也会发生巨大的变化。同时，随着年龄的增长，老年人的身体机能不断衰退，导致他们的注意力、学习能力和生活自理能力等都有所下降。面对这些变化，有些老年人可能难以接受，严重者甚至会出现心理问题。因此，老年社会工作者应协助老年人认识衰老的原因和表现，使老年人能够正确看待并接纳自身的变化，同时帮助老年人养成健康的生活方式，提高老年人对老年生活的适应能力。

（二）帮助老年人寻找新的人生目标

一些老年人无法适应老年生活，找不到新的人生目标，会感到生活没有意义，从而出现

消极的生活态度。老年社会工作者应通过专业的方法帮助老年人梳理之前的人生经历，如引导老年人回顾自己人生中的重大事件或对自己有深刻影响的人，使老年人在回顾的过程中获得成就感，从而增强老年人探索和寻找新的人生目标的动力。

（三）帮助老年人摆脱心理困扰

由于生活发生了巨大的变化，有些老年人会产生各种各样的心理问题，严重者可能会发展为退休综合征、老年抑郁症等心理疾病。因此，老年社会工作者应关注老年人的心理状况，及时发现老年人的心理异常情况，深入分析造成老年人心理困扰的原因，并帮助老年人纾解消极情绪、减轻心理压力，必要时可向专业的心理医生寻求帮助。

拓展阅读

退休综合征

退休综合征是指老年人因退休而产生的心理疾病。老年人退休后，因不能适应社会角色、生活环境和生活方式的变化，会产生烦躁、抑郁、焦虑、孤独、失落等消极情绪，或出现偏离常态的行为，久而久之会引发身体疾病，影响老年人的身体健康。

在老年社会工作中，老年社会工作者可以采取培养老年人的兴趣爱好、引导老年人参与社会活动等措施帮助老年人预防和治疗退休综合征。

（四）改善老年人的家庭关系

老年人的家庭关系一般包括老年人与配偶、子女的关系。配偶和子女对老年人来说，都是重要的支持资源，如果老年人不能妥善处理与他们的关系，其心理状况和日常生活就会受到影响。因此，老年社会工作者应关注老年人的家庭关系，帮助老年人调解家庭矛盾，促进老年人家庭和谐与美满，以使老年人的身心能够健康发展。

（五）促进老年人社会参与

社会活动减少是老年人的重要特征，一方面是因为老年人身体机能衰退，参与社会活动的能力下降，另一方面是因为老年人受到社会观念的影响，参与社会活动的积极性降低。但对于老年人来说，参与社会活动可以增强满足感和自豪感，有利于实现自我价值。因此，老年社会工作者应鼓励老年人参与社会活动，使老年人的晚年生活更加丰富。

（六）帮助老年人树立科学的死亡观

老年社会工作者应帮助老年人树立以下科学的死亡观：① 在身边的人死亡时，能够及时调整心态，从悲伤的情绪中走出来；② 在自己面临死亡问题时，能够理解死亡是每个人都必然会面临的，要正确看待死亡，以坦然的心态面对死亡，不过度恐慌和担忧。

三、老年个案工作的原则

老年社会工作者在开展老年个案工作时，应遵循接纳原则、个别化原则、维护老年人利益优先原则和非批判原则等，具体如下。

（一）接纳原则

在服务过程中，老年社会工作者应从内心接纳老年人，理解老年人的想法、感受和行为，不能因老年人的年龄、性别、民族、宗教信仰、态度、行为、身心状况等歧视老年人，更不能拒绝为老年人提供服务。

如何正确认识接纳原则

接纳原则意味着老年社会工作者要完全认同老年人的言行和价值观吗？为什么？

（二）个别化原则

每位老年人都是独立的个体，尽管他们都会经历生理和心理的老化，但这种老化对每位老年人的影响并不是完全相同的。老年社会工作者不能根据自己的经验刻板地对待老年人及其面临的问题，而应充分考虑到老年人在职业经历、社会地位、家庭关系、身心状况等方面的差异，从而对老年人做出准确的评估，为老年人设计有针对性的、个别化的服务方案，以满足不同老年人的需求。

（三）维护老年人利益优先原则

老年人是老年社会工作者的直接服务对象，因此，老年社会工作者应以老年人为中心，从老年人的特点和利益出发，结合老年人的实际情况，最大限度地维护老年人的利益。老年社会工作者或机构无法满足老年人的需求时，应及时为老年人办理转介。

（四）非批判原则

老年人常常会有孤独感、失落感，对他人的评价比较敏感。如果在个案工作中批判老年人，会导致老年人紧张不安，不利于老年人表达自我，也不利于全面了解老年人的情况。老年社会工作者只有站在老年人的角度去想问题，才能帮助老年人走出困境并做出积极的改变。

非批判原则包括以下内容：

（1）老年社会工作者应正确看待老年人的言行和价值观，不随意评价和指责老年人。

（2）老年社会工作者不应把自己的价值观强加给老年人，对于与自己不一致的价值观，应采取不排斥、不拒绝的态度。

（3）不管老年人遇到什么问题，老年社会工作者都要予以理解和尊重。

任务实施

分析老年个案工作的内容和原则

【任务描述】

近期，B社工站收到三位老年人的求助信息，具体情况如下：

（1）朱奶奶，82岁，丈夫已去世，子女都已成家且在其他城市定居，很少回来探望朱奶奶。近期，朱奶奶感到身体一天不如一天，甚至曾一个人晕倒在家。她感到很沮丧，对自己的未来十分悲观，因此不愿意出门，和社区里要好的老年人们也不再联系。

（2）彭爷爷，76岁，和妻子一起生活。退休后，彭爷爷的收入大幅减少，生活困难。此外，彭爷爷两年前摔伤导致右腿行动不便，他的儿子在外地工作，无法照料他，妻子虽然对他关怀备至，但不能理解他的感受，彭爷爷又不善言辞，与妻子的矛盾日益加剧，脾气也越来越差。

（3）严爷爷，72岁，半年前入住某养老院，和同住一室的孙爷爷关系很好，两人经常一起散步、听戏，生活上也彼此照料。近日，孙爷爷因突发脑出血去世，严爷爷出现情绪低落、食欲减退等症状，且症状越来越严重，有时看着孙爷爷的床位还会默默流泪。

请根据上述案例分析老年个案工作的主要内容和原则。

【任务要求】

（1）学生自由分组，每组6～8人，并选出一名小组长。

（2）小组成员从上述案例中选择一个案例，根据所学知识，就以下问题进行讨论：① 该老年人存在哪些问题？② 如果要为该老年人提供个案服务，主要的工作内容有哪些？③ 在个案工作中应遵循哪些原则？

（3）小组长汇总、整理讨论结果，并在课堂上进行分享。

（4）主讲教师对各小组的表现进行点评。

任务二　熟悉老年个案工作的服务模式

任务导入

本着对服务对象负责的原则，小李打算和刘老师见一面，以便详细了解刘老师的情况。她打电话联系了刘老师，双方约定第二天9点在A社区养老服务中心见面。

挂断电话后，小李充满了干劲儿，想着离见面还有一段时间，为了确保服务更有针对性，她拿出了之前参与服务活动和培训活动时总结的工作笔记，开始重新梳理个案工作的理论知识。她希望在和刘老师见面时，能够根据刘老师的情况为他选择最合适的服务模式。

思考：

（1）老年个案工作的服务模式有哪些？

（2）如果你是小李，针对刘老师的情况，你会选择哪种服务模式，为什么？

老年个案工作的服务模式既是老年社会工作者开展个案工作的理论基础，也是老年社会工作者设计服务流程、确定服务方法的重要依据。常见的老年个案工作的服务模式有危机干预模式、心理社会治疗模式、理性情绪治疗模式、认知行为治疗模式等。

一、危机干预模式

危机干预模式是指针对老年人面临的危机事件而开展调适和治疗工作的服务模式。其中，危机事件是指当下或近期发生的压力事件，具有即时性和紧急性的特点。老年人面临的危机事件一般可分为以下两类：① 普通危机事件，即老年人普遍遭遇的困难，如退休后难以适应新的生活环境；② 特殊危机事件，即老年人遭遇的特殊困难，如丧偶、失独等。

拓展阅读

危机事件的条件

某一事件同时满足以下三个条件，才能称为危机事件：

（1）该事件阻碍老年人目标的实现，使老年人的基本需求无法得到满足。

（2）该事件超出老年人的能力范围，老年人无法采用以往的方法进行应对。

（3）该事件导致老年人身心混乱，使老年人处于心力交瘁的状态中。

危机干预模式通常涉及两个方面的工作内容：一是减轻危机事件的负面影响；二是利用危机事件帮助老年人解决目前面临的现实问题，同时提高老年人的环境适应能力。

（一）危机干预模式的基本原则

为了在有限的时间内快速、有效地帮助老年人减轻危机事件的影响，采用危机干预模式时，应遵循以下基本原则。

1. 及时处理

危机事件通常是突然发生的，且具有很强的危害性。在危机事件发生后，老年社会工作者应予以重视，在尽可能短的时间内采用合适的方法帮助老年人解决问题。遵循及时处理的原则，一方面有利于抓住解决问题的最佳时机，避免出现不可挽回的后果；另一方面有利于避免老年人长期处于身心混乱的状态中，减轻危机事件对老年人及他人的危害。

2. 限定目标

老年人面临的问题往往是十分复杂的，要使老年人摆脱危机状态，老年社会工作者必须

与老年人进行沟通和协商，确定待解决问题的优先级，以明确主要的工作目标，尽可能减轻危机事件带来的危害。

3. 输入希望

遭遇危机的老年人不仅要面对危机事件的打击，在无法解决问题时还会感到不安、焦虑、迷茫等，很容易丧失解决问题的信心，失去对生活的希望。老年社会工作者在介入过程中应注意为老年人输入希望，增强老年人解决问题的信心和勇气。

4. 提供支持

在帮助老年人解决问题的过程中，老年社会工作者应善于整合和利用老年人自身和身边其他人（如老年人的子女、朋友等）的资源，帮助老年人缓解或消除消极情绪，为老年人解除危机提供必要的支持。

5. 恢复自尊

在面对危机事件时，老年人很容易自我怀疑，从而导致自尊感下降，严重者甚至会心理失衡。因此在与老年人接触的过程中，老年社会工作者应了解老年人的自我认知，帮助低自尊的老年人恢复自尊，使其相信自己具备解决问题的能力。

6. 培养自主能力

老年社会工作者在实际工作中更多地扮演着支持者、关系协调者、管理者的角色，危机能否解除，最终取决于老年人的自主能力。因此，老年社会工作者在协助老年人解决问题的同时，应培养老年人的自主能力，使老年人最终能够自主解除危机，且能够在今后的生活中独立解决类似的问题。

（二）危机干预模式的步骤

危机干预模式的步骤一般包括明确问题、制订计划、实施计划、巩固和强化。

1. 明确问题

处于危机状态的老年人往往情况危急，老年社会工作者应注重时效性，快速明确老年人的主要问题，并评估老年人采取危险行为的可能性。需要注意的是，老年社会工作者首先应保障老年人的生命安全，帮助老年人稳定情绪，并与老年人建立信任关系。这样不仅可以减少或阻止老年人的危险行为，还可以提高老年人的配合度，从而提高工作效率。

小贴士

在明确问题这一阶段，老年社会工作者应尽力争取老年人及其家属的配合，不能仅根据自身经验进行主观判定。

2. 制订计划

在与老年人建立信任关系后，老年社会工作者应与老年人共同探讨老年人所面临的问题，制订介入计划。在讨论过程中，老年社会工作者应注意列举尽可能多的解决方案，明确

各种解决方案的利弊，在综合考虑的基础上，选择对老年人造成消极影响最小的解决方案，以制订最终的介入计划。

3. 实施计划

老年社会工作者在实施计划的过程中，应充分利用老年人自身和身边其他人的资源，关爱与支持老年人，帮助老年人缓解心理压力；同时应帮助老年人总结过去成功解决问题的经验，使老年人树立面对危机的信心，以积极的心态解决问题。

4. 巩固和强化

经过一段时间的介入，老年人的危机状态得到缓解或解除，老年社会工作者成功实现既定的工作目标，就可以终止服务。此时，老年社会工作者应帮助老年人巩固和强化已经取得的积极成果，鼓励老年人在今后的生活中采用新的应对方法解决问题，进一步提高老年人的自主能力。

（三）危机干预模式的技巧

危机干预模式的技巧包括情感支持技巧、干预技巧等。

1. 情感支持技巧

在危机干预模式中，老年社会工作者可以为老年人提供情感支持，帮助老年人提高应对危机事件的能力。例如，为老年人提供情感宣泄平台，帮助老年人缓解危机事件带来的紧张情绪，以防老年人精神崩溃。

2. 干预技巧

危机干预模式中常用的干预技巧一般包括以下几点：

（1）向老年人解释危机事件的发展过程，帮助老年人了解自己目前的困境。

（2）为老年人输入希望，鼓励老年人主动适应变化、解决问题。

（3）了解老年人的社会支持网络状况，帮助老年人维系社会支持资源。

（4）重点关注可能出现生命危机的老年人，必要时可与老年人家属协商，采取专人看护、住院治疗等强制措施。

走出阴霾，重塑信心——素婆婆的危机干预

素婆婆，87岁，与儿子、儿媳一起居住在重庆市彭水县某村的砖房中，房内陈设简陋。素婆婆还有一个孙子小智，小智18岁时就外出务工，很少回家。由于家庭经济状况不佳，素婆婆每天忙于田间农活，以补贴家用。随着天气逐渐转冷，素婆婆的风湿日益加重，就医花了很大一笔钱。儿媳经常念叨“家里本来就穷，还要花钱看病”，甚至与素婆婆分区使用厨房，将自己购买的米、油等食材藏起来。冷漠的家庭氛围、捉襟见肘的经济状况让素婆婆心情抑郁，精神状态一天比一天差，甚至产生了轻生的念头。

经过初步评估，老年社会工作者小林决定采用危机干预模式为素婆婆提供个案服务。

首先，小林联系了素婆婆的儿子，请他照料素婆婆的日常生活，并给予素婆婆亲情关怀。同时，小林动员素婆婆的左邻右舍到素婆婆家走动，陪她聊天，给予她邻里关怀，以减轻其孤独感。

其次，小林每日上门探望素婆婆，给予她正向支持，如向素婆婆讲述村里近期发生的趣事，听她诉说艰苦的生活经历、婆媳矛盾的起源等。说到家庭关系时，素婆婆一度情绪崩溃，双手颤抖，甚至低声哭泣起来。小林递上纸巾，紧握她的双手，真诚地鼓励她发泄心中的苦楚，以帮助她缓解心理压力。

周末，小林还和“小太阳”儿童志愿者一起探望素婆婆，孩子们为素婆婆表演节目、讲故事。在孩子们的感染下，素婆婆的脸上露出了久违的笑容，还主动与小林分享小智小时候的各种趣事。

此外，小林还与素婆婆儿媳会谈，引导她多关心素婆婆。同时，小林以素婆婆的儿子为纽带，让他调节婆媳矛盾。通过夫妻之间的影响，儿媳渐渐开始理解素婆婆，并积极做出改变，如和素婆婆一起做饭、吃饭。这让素婆婆得以规律饮食，并感受到了家庭的温情，身体也逐渐好了起来。

在评估素婆婆的一系列变化后，小林认为素婆婆暂时不会出现轻生的行为。为巩固工作成果，小林着手帮助素婆婆扩大其社会支持网络：一方面，邀请素婆婆参与中秋节主题活动，引导素婆婆与他人交流、沟通，让她融入热闹的集体环境，感受邻里的温暖；另一方面，邀请素婆婆参与老年互帮互助小组，帮助她走出家门，结识更多的朋友，找到新的生活乐趣。

经过两个多月的辅导，素婆婆从孤独、焦虑的状态中走了出来，身体逐步恢复健康，也找到了自我价值。

（资料来源：冉燕，《危机干预案例丨贫病中被“分灶”，社工救回想轻生的婆婆》，中国社会工作微信公众号，2023 年 8 月 21 日）

二、心理社会治疗模式

心理社会治疗模式以心理与社会之间的关联为理论核心，关注内部的心理、外部的环境以及两者之间的相互影响。采用心理社会治疗模式时，老年社会工作者既要深入了解老年人的想法、感受和需求，又要仔细观察周围环境对老年人的影响，分析老年人适应环境的具体过程。

（一）心理社会治疗模式的理论假设

1. 对人的成长与发展的假设

人生活在特定的社会环境中，受到生理、心理和社会三种因素的影响，这些因素相互作用，共同推动人的成长与发展。

2. 对老年人问题的假设

老年人问题的产生与老年人感受到的压力有关。例如，不良的成长经历可能会给老年人带来长期的心理困扰，影响老年人的人格发展，导致老年人无法与他人建立良好的人际关系；经济困难、家庭关系紧张等可能会增加老年人的精神压力，导致老年人出现各种情绪问题，严重者甚至会产生轻生的念头。

3. 对人际沟通的假设

人际沟通十分重要，人与人之间进行有效沟通，有利于人们形成健康的人格。

4. 对人的价值的假设

每个人都是有价值、有潜能的，即使是暂时陷入困境的老年人，也具有待开发的潜能。对老年人进行心理社会治疗的目标是帮助老年人发掘自身的潜能，促进老年人健康发展。

（二）心理社会治疗模式的步骤

心理社会治疗模式的步骤一般包括研究、诊断和治疗三个阶段，具体如下。

1. 研究阶段

研究阶段是指从第一次与老年人接触到收集完老年人有关资料的过程。老年社会工作者应将老年人所处的社会环境、目前的状况和以往的经历联系起来，综合分析造成老年人问题的生理、心理和社会原因。

2. 诊断阶段

诊断阶段是指对老年人的有关资料进行整理和分析，对老年人问题产生的原因、变化的过程做出判断的过程。在该阶段，老年社会工作者应判断老年人的人格是怎样形成和发展的、老年人的困扰是如何产生的、造成老年人困扰的重大事件是什么等。

3. 治疗阶段

治疗阶段是指对造成老年人心理困扰和人际关系失调的各种因素进行调整的过程。该阶段一般涉及以下四个方面的内容：① 缓解老年人的消极情绪；② 提高老年人的社会适应能力；③ 开发老年人的潜能；④ 改善老年人的人际关系。

（三）心理社会治疗模式的技巧

心理社会治疗模式的技巧包括直接治疗技巧和间接治疗技巧。

1. 直接治疗技巧

直接治疗技巧是指直接对老年人进行辅导和治疗的技巧，包括反思性直接治疗技巧和非反思性直接治疗技巧。其中，反思性直接治疗技巧是指老年社会工作者通过与老年人沟通，引导老年人分析和理解自己问题的技巧；非反思性直接治疗技巧是指老年社会工作者直接向老年人提供各种服务，而老年人只处于被动接受状态的技巧。

2. 间接治疗技巧

间接治疗技巧是指通过辅导第三者或者改善环境间接地影响老年人的技巧。运用间接治疗技巧的目的是帮助周围人满足老年人的需求，因此间接治疗技巧的服务对象是老年人的家

属、朋友、邻里等。

让生活温暖又从容——月婆婆的心理社会治疗

月婆婆，84岁，患有肢体三级残疾，走路需要借助拐杖等工具。月婆婆的丈夫几年前因患癌症去世，月婆婆与儿子一起生活，儿子白天要外出工作，因此月婆婆经常独自待在家中。由于行动不便，月婆婆很少出门与邻里交流，时常感到孤单。

在了解月婆婆的情况后，老年社会工作者小杨决定采用心理社会治疗模式为月婆婆提供个案服务。

首先，小杨通过入户探访的方式与月婆婆会谈，以了解月婆婆的需求，并运用专业技巧安抚月婆婆的消极情绪，拉近与月婆婆的距离。小杨在会谈过程中不断鼓励月婆婆表达自己的想法，使月婆婆感受到了真诚与关怀。小杨由此获得了月婆婆的信任，与月婆婆初步建立了良好的专业关系。月婆婆在与小杨沟通的过程中，反复描述丈夫去世时的情景。对此，小杨始终耐心倾听，站在月婆婆的角度对她表示理解，并引导月婆婆回忆与丈夫相处的幸福时刻，以帮助月婆婆缓解悲伤的情绪。

其次，在对月婆婆进行持续跟进的过程中，小杨发现月婆婆多次想趁着天气放晴出门锻炼，以提高自己的行动能力。于是小杨与月婆婆一起制订了一份腿部锻炼计划表，并教会了月婆婆一些简单的训练动作。同时，小杨还积极链接社会资源，为月婆婆准备了锻炼用的弹力带。

最后，小杨鼓励月婆婆结交新的朋友，如在出门锻炼时与邻里聊家常等。

慢慢地，月婆婆建立了新的社交网络，在一定程度上提高了腿部机能，逐渐适应了新的生活。

（资料来源：《「社工站案例」让生活温暖又从容——心理社会治疗模式下高龄老人个案服务》，太仓民政微信公众号，2023年9月12日）

三、理性情绪治疗模式

理性情绪治疗模式又称ABC模式。其中，A是指诱发性事件，B是指老年人对该诱发性事件的认识和评价，C是指老年人因诱发性事件而产生的情绪反应及其后果。理性情绪治疗模式认为，给老年人带来情绪困扰的并不是诱发性事件本身，而是老年人对诱发性事件的非理性信念。因此，老年社会工作者应对老年人的非理性信念进行干预，以帮助老年人摆脱情绪困扰。

（一）理性情绪治疗模式的步骤

1. 确定诱发性事件

帮助老年人梳理近期发生的重大事件，列出引发老年人消极情绪的事件，然后与老年人沟通，确定诱发性事件。

2. 找出老年人的非理性信念

鼓励老年人分享自己对诱发性事件的想法和态度，分析其中的不合理之处，及时发现老年人的不合理认知与近期的消极情绪和行为之间的联系，梳理出老年人存在的非理性信念。同时，帮助老年人认识到自身的消极情绪和行为并不是诱发性事件引起的，而是非理性信念引起的。

拓展阅读

如何识别非理性信念

非理性信念具有明显的特征，老年社会工作者可以根据某一信念是否绝对化、过分概括化和灾难化等进行识别和判断。

（1）绝对化。持有非理性信念的人往往以自己的意愿为出发点，认为某一件事必定会发生或不会发生，如“我必须成功”“他一定要这样对待我”等。

（2）过分概括化。非理性信念一般代表着以偏概全的思维方式，其典型特征是根据某一件事或某几件事的结果评价自己或他人的整体价值，如因某一件事失败就认为自己“一无是处”或“毫无价值”。

（3）灾难化。持有非理性信念的人认为事情的发展趋势是可怕的、糟糕的、灾难性的，往往深陷在焦虑、悲观、抑郁的情绪中难以自拔。

3. 纠正老年人的非理性信念

针对老年人存在的非理性信念，与其展开讨论，使老年人明确非理性信念的不合理之处和危害。在此基础上，帮助老年人树立正确认知，形成理性信念，并鼓励老年人积极采取行动改变现状。

4. 巩固和强化

巩固和强化工作效果，帮助老年人将已形成的理性信念运用于日常生活中，达到改变老年人消极情绪和行为的目的。

（二）理性情绪治疗模式的技巧

理性情绪治疗模式的技巧主要包括对非理性信念进行辩论、合理想象、认知的家庭作业等。

1．对非理性信念进行辩论

老年社会工作者不断向老年人提问，使老年人逐渐认识到自身消极情绪与非理性信念之间的关系，具体方式有质疑式和夸张式两种：

（1）质疑式。老年社会工作者直接针对老年人的非理性信念提出质疑，如“您有什么证据能证明您的观点”“是否别人都可以失败，而您不能”“是否别人都应该按照您想的那样做”等。

（2）夸张式。老年社会工作者针对老年人的非理性信念提出一些夸张的问题，将非理性信念的不合理、不现实之处放大。

2．合理想象

老年社会工作者在运用合理想象技巧时，可参照以下步骤：

（1）让老年人再次回顾诱发性事件，体会自己面对该事件时的情绪和行为。

（2）帮助老年人改变不当的情绪反应，并通过示范让老年人体会什么是适当的情绪反应。

（3）让老年人停止想象，并让老年人描述自己的情绪在哪种信念下发生了变化。

（4）帮助老年人巩固新的理性信念。

3．认知的家庭作业

认知的家庭作业实质上是老年人与自己的非理性信念进行辩论的过程。老年社会工作者可以借助 RET 自助表（见表 2-1）等工具让老年人列出自己的问题，并进行分析，以找出其中的非理性信念。

表 2-1　RET 自助表

<table>
<tr><td>老年人姓名</td><td></td><td>老年社会工作者姓名</td><td></td></tr>
<tr><td>日期、时段</td><td>年　月　日
时　分 — 时　分</td><td>地点</td><td></td></tr>
<tr><td colspan="4">（A）诱发性事件（近期使我产生情绪困扰的事件）</td></tr>
<tr><td colspan="4"></td></tr>
<tr><td colspan="4">（C）情绪反应及其后果（我产生的情绪困扰和消极行为）</td></tr>
<tr><td colspan="4"></td></tr>
<tr><td colspan="4">（B）导致我产生情绪困扰和消极行为的非理性信念（圈出所有符合的）</td></tr>
<tr><td colspan="2">（1）我必须得到每个人的赞赏
（2）世界是公平的，我应该永远受到公平的对待
（3）我必须把所有事情都做得完美、出色
（4）别人的想法和行为方式应该和我一样
（5）有些人很坏，他们做坏事应该受到惩罚和谴责
（6）我如果没有把事情做好，就会觉得自己是一个失败者
（7）生活应该是舒服、顺遂的，我不应该遇到麻烦
（8）事情没有朝我期待的方向发展，让我觉得非常糟糕</td><td colspan="2">（9）比起面对问题，逃避问题更容易
（10）任何问题都有正确答案，如果找不到正确答案，我会觉得非常沮丧
补充的非理性信念：
（11）……
（12）……
（13）……
⋮</td></tr>
</table>

续表

与圈出的每一种非理性信念进行辩论。例如，“为什么我必须得到每个人的赞赏”
已形成的有效的理性信念。例如，“我希望得到别人的赞赏，但没必要必须如此”
列出新的感受和行为（我形成理性信念之后的感受以及由此产生的行为）
注：我将在接下来的生活中做出努力，不断重复和巩固我的理性信念，这样就能够减轻情绪困扰，减少消极行为

四、认知行为治疗模式

认知行为治疗模式是指对老年人进行反复训练，以矫正其消极行为的服务模式。认知行为治疗模式以行为学习为中心，认为消极行为可以通过学习形成，也可以通过学习改变。

（一）认知行为治疗模式的步骤

1. 建立关系

采用认知行为治疗模式时，老年社会工作者应先与老年人建立良好的合作关系，这样不仅有利于提高老年人的参与度，也有利于开展后续的评估行为、修正行为等工作。

2. 评估行为

老年社会工作者应对老年人行为进行评估，具体包括以下内容：① 关注老年人行为，发现老年人行为中的问题，确定老年人需要改变的消极行为；② 了解老年人所处的社会环境，深入分析老年人行为与社会环境之间的关系；③ 预估改变老年人消极行为的结果，确定工作目标。

3. 修正行为

老年社会工作者应先找出需要老年人学习的积极行为，并对老年人进行示范，然后让老年人反复练习积极行为。需要注意的是，在老年人练习过程中，老年社会工作者应保持耐心，时刻关注老年人的练习情况，并及时纠正老年人的错误行为，确保练习准确、高效。

4. 评估成效

在修正老年人行为后，老年社会工作者应对老年人行为的改变情况进行评估，确定修正的效果和质量。

（二）认知行为治疗模式的方法

认知行为治疗模式的方法主要包括放松练习、系统脱敏法、满灌疗法等。

1. 放松练习

放松练习是指通过放松身体的方式缓解老年人的紧张情绪，如深呼吸、冥想、散步（见图 2-1）等。其中，深呼吸是较常用的方法，可每天练习 3～4 次，每次重复 8～10 次。练习深呼吸的具体步骤如下：① 采用仰卧位或坐位，全身放松；② 将一手放于胸前，胸部尽量保持不动，另一手放于腹部，感受呼吸时腹部的运动；③ 闭上嘴唇，经鼻腔缓慢吸气，吸气时腹部逐渐隆起，至最大吸气量时稍憋气，然后经口缓慢呼气，呼气时腹部逐渐凹陷。

图 2-1 散步

2. 系统脱敏法

系统脱敏法是一种循序渐进地消除老年人的焦虑、恐惧等情绪的方法。在对老年人进行系统脱敏前，先将老年人的主观感受和焦虑反应按照由低到高的顺序排序，然后从最低等级开始，引导老年人感受该等级的焦虑程度，同时让老年人进行放松练习，在老年人的焦虑和恐惧情绪明显缓解后，再按照同样的方法对老年人进行较高等级的脱敏训练，直到消除老年人的焦虑和恐惧情绪。

什么是系统脱敏法

3. 满灌疗法

满灌疗法与系统脱敏法相反，治疗时从老年人最害怕的情境开始，让老年人处于最紧张的状态，并不断重复，直到老年人对该情境习以为常，不再感到紧张和害怕。老年社会工作者在采用这种方法前，应将该方法的原理和过程告知老年人，让老年人自行决定是否接受治疗。在治疗过程中，应密切观察老年人的状况，若老年人出现不适症状，应立即停止治疗，必要时及时将其送医。

任务实施

为老年人选择合适的服务模式

【任务描述】

B社工站决定为本项目任务一任务实施中的朱奶奶、彭爷爷和严爷爷提供个案服务，请为他们选择合适的服务模式。

【任务要求】

（1）学生按照本项目任务一任务实施中的分组情况进行分组。

（2）各小组根据本小组选定的老年人的具体情况，为该老年人选择合适的服务模式，并就以下问题进行讨论：① 该服务模式的具体步骤是怎样的？② 在实施过程中有哪些技巧或方法？

（3）小组长汇总、整理讨论结果，并在课堂上进行分享。

（4）主讲教师对各小组的表现进行点评。

任务三　掌握老年个案工作的基本流程

任务导入

第二天，小李提前准备好了纸、笔，听说刘老师患有老花眼，小李还提前准备了一副老花镜。刘老师到达A社区养老服务中心后，小李热情地迎接他，并向他介绍了自己和A社区养老服务中心的基本情况。在和刘老师进行深入会谈之后，小李和刘老师达成了初步协议，并约定了下次会谈的时间和地点。在会谈期间，小李通过电话联系了刘老师的女儿，了解了晓华和刘老师的亲密程度、晓华对刘老师的看法等，还通过与李奶奶沟通了解了刘老师的生活习惯等。

在基本掌握了刘老师的问题和需求后，小李与刘老师共同商定了服务目标，制订了详细的服务计划，并签订了服务协议。经过一段时间的服务，刘老师明显开朗了许多，也逐渐培养了新的兴趣爱好，愿意出门走动了。在和刘老师商量后，小李进行了结案。

思考：

（1）老年个案工作的基本流程是怎样的？

（2）在老年个案工作中，老年社会工作者应收集哪些资料？

（3）老年个案工作在哪些情况下可以结案？

经过长期的工作实践，老年个案工作形成了一套完整的流程，为解决老年人问题提供了基本的工作指引。一般来说，老年个案工作的基本流程包括接案、收集资料、预估、制订服务计划、签订服务协议、实施服务计划、评估与结案。

一、接案

在接案阶段，老年社会工作者应对老年人进行初步评估，确定该老年人能否成为个案工作的服务对象。

（一）接案前的准备工作

1. 初步了解老年人信息

在接案前，老年社会工作者应了解老年人的来源及接受服务的意愿、基本信息（如姓名、性别、年龄、联系方式等）。其中，老年人的来源一般包括老年人主动求助、老年社会工作者在工作中发现的潜在对象、由其他机构转介而来三种情况。

2. 拟定会谈提纲

在初步了解老年人信息后，老年社会工作者应提前拟定会谈提纲，为会谈做准备。会谈提纲通常涉及以下内容：① 老年社会工作者的姓名和所在机构；② 会谈的目的和内容；③ 老年人的问题和需求；④ 双方的责任和义务；等等。

3. 准备所需物品

老年社会工作者应提前准备一些物品，如老花镜、助听器（见图 2-2）、纸、笔、录音设备（如录音笔）等。

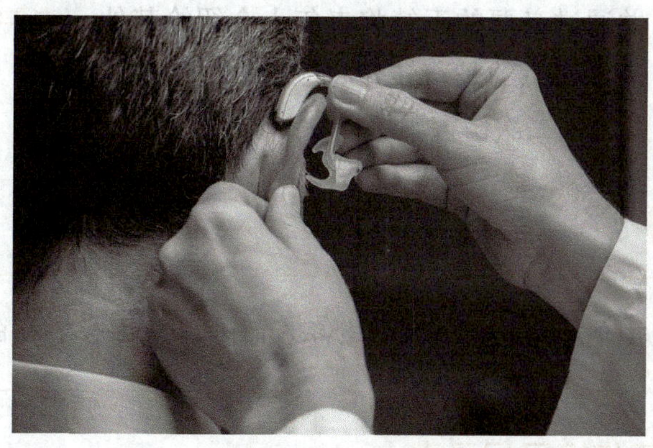

图 2-2　助听器

（二）进行会谈

会谈对象可以是老年人，也可以是老年人家属、老年人所在社区的工作人员等，老年社会工作者应根据实际情况灵活选择。其中，在与老年人会谈时，老年社会工作者应注意以下要点：

（1）在进入正题前，可以与老年人适当地寒暄，如进行自我介绍、邀请老年人进行自我介绍等，以营造良好的交流氛围，缓解老年人的紧张情绪。

（2）给予老年人必要的鼓励，增强其改变现状的信心。例如，对老年人主动寻求帮助的行为表示赞赏，如“能够面对自己的困难，真的很不容易”“很高兴您能向我倾诉您的烦恼”等。

（3）对老年人进行必要的说明。老年人由于急于改变现状或对机构不了解，有时会提出不合理的要求，因此在会谈中，老年社会工作者应对老年人进行解释和说明，让老年人充分了解机构的服务范围，明白自己能够得到哪些服务、享有哪些权益等。

（4）初步了解老年人的问题和需求。可以从以下几个方面来了解：① 老年人的求助意愿如何？是主动寻求帮助还是被动接受服务？② 老年人面临的主要问题是什么？该问题是如何产生的？③ 为解决该问题，老年人采取过哪些措施？④ 老年人对机构有哪些期望？

（5）与老年人分享和讨论自己了解到的信息，以确保信息的准确性。

（三）确定接案或转介

老年社会工作者应根据会谈情况界定老年人的问题，并结合自身能力、机构的服务范围等初步判断能否为老年人提供服务，具体有以下两种处理方法：

（1）接案。如果能够为老年人提供服务，老年社会工作者应与老年人讨论具体的工作进程，并达成初步协议，约定好服务的过程、内容、期限等。

（2）转介。如果不能为老年人提供服务，老年社会工作者应向老年人说明情况，并通过必要的手续将老年人介绍给其他能够给予帮助的机构。需要注意的是，转介时应注意照顾老年人的情绪，避免对老年人造成二次伤害。

老年社会工作者转介老年人的条件与注意事项

无论是接案还是转介，都要充分尊重老年人的意愿，在老年人自愿的前提下进行。

（四）填写个案工作接案记录表

对整个接案过程进行回顾，并填写个案工作接案记录表（见表2-2）。

表 2-2　个案工作接案记录表

<table>
<tr><td>老年人姓名</td><td></td><td>老年社会工作者姓名</td><td></td></tr>
<tr><td>日期、时段</td><td>年　月　日
时　分 — 时　分</td><td>地点</td><td></td></tr>
<tr><td colspan="4">老年人的来源及接受服务的意愿</td></tr>
<tr><td colspan="4">来源：□ 主动求助　□ 潜在对象　□ 转介
说明：
接受服务的意愿：□ 不愿意接受服务　□ 不适用　□ 愿意接受服务
说明：（不愿意接受服务或不适用的情况说明）</td></tr>
<tr><td colspan="4">老年人的情况</td></tr>
<tr><td colspan="4">基本信息（包括但不限于姓名、性别、年龄、联系方式等）

问题和需求</td></tr>
<tr><td colspan="4">老年社会工作者建议</td></tr>
<tr><td>危机程度</td><td colspan="3">□ 低　□ 中　□ 高
说明：</td></tr>
<tr><td>紧急服务</td><td colspan="3">□ 需要　说明：
□ 不需要</td></tr>
<tr><td colspan="2">老年社会工作者（签名）</td><td>日期</td><td></td></tr>
<tr><td colspan="2">督导者（签名）</td><td>日期</td><td></td></tr>
</table>

二、收集资料

在收集资料的过程中，老年社会工作者应秉持“人在环境中”的理念，以了解老年人的具体情况。

（一）确定资料收集范围

老年社会工作者应与老年人协商，共同确定资料收集范围。一般来说，在个案工作中应收集以下资料：

（1）老年人的生理（如既往病史、日常生活能力等）、心理（如认知水平、价值观、个性特点等）、社会等方面的资料。

（2）老年人所处社会环境的微观、中观、宏观系统等资料，主要是家庭和社区信息。

（3）老年人对自己和所处社会环境的感受、观念和看法。

（二）制订资料收集计划

在确定资料收集范围后，老年社会工作者应制订资料收集计划，一般包括收集资料的时间、地点、对象、方法和资料内容等。同时，老年社会工作者应根据所选的资料收集方法准备相应的工具，如问卷、量表等。

（三）开展资料收集工作

除会谈外，老年社会工作者还可以采用访视、问卷法、文献法等方式开展资料收集工作。

（1）访视。访视是指对老年人和老年人所处社会环境进行考察和探视，包括家庭访视、社区访视、机构访视等。当出现他人代为求助，或需要他人参与解决问题等情况时，老年社会工作者可以采用访视的方法。

（2）问卷法。老年社会工作者可以将想要了解的问题制成问卷，然后请老年人口头回答或填写，从而收集所需资料。

（3）文献法。老年社会工作者可以通过查阅现有的文献资料（如老年人所在社区、退休前的工作单位等的记录资料）来了解老年人的相关情况。需要注意的是，老年社会工作者应对文献资料进行甄别和筛选，确保其真实、可靠，以免对个案工作造成干扰。

经典案例

冯奶奶的个案资料

某老年社会工作者在开展“同舟共济”安徽省洪涝灾后社工项目期间，了解到安庆市迎江区某村72岁的冯奶奶有心理辅导服务需求，遂与冯奶奶在她家中会谈，收集了以下资料。

1．身体状况

冯奶奶身材瘦小，患有轻微的听力障碍和视力障碍，时常头痛、头晕、心跳加速，偶尔失眠。

2．心理状况

冯奶奶比较焦虑，对生活缺乏信心。在近期的洪灾中，她辛苦种植的农作物严重受损，使得她的焦虑情绪更加明显。经焦虑自评量表（SAS）评定，冯奶奶的得分为51分，属于轻度焦虑。

3．所处环境

（1）家庭环境。冯奶奶丧偶，有两个儿子。大儿子腿部残疾，大儿媳和孙子都有一定的智力障碍；小儿子43岁，文化程度较低，至今没成家，靠打零工为生，工作不稳

定。家庭住房空间狭小，洪灾期间经常漏水，导致原本就十分拮据的家庭生活“雪上加霜”。

（2）社区环境。社区资源方面，由于靠近长江，该村在洪灾中受灾较严重，全村农作物、房屋、道路等均遭到不同程度的损毁，乡政府和村委会可调用的资源十分有限；社会支持网络方面，冯奶奶社会交际面比较窄，社会支持网络薄弱；文化娱乐方面，冯奶奶年纪较大，且患有听力障碍和视力障碍，极少参与社区文化娱乐活动。

（资料来源：刘敦，《“携手·陪伴”——社会工作介入老年人灾后情绪疏导个案》，安徽省民政厅官网，2022 年 3 月 14 日）

三、预估

（一）预估的步骤

1. 分析资料

老年社会工作者对老年人生理、心理、社会等方面的原始资料进行分类、排序，并分析老年人所处社会环境的微观、中观、宏观系统等方面的具体情况。

2. 确定问题和需求

通过对资料的分析，老年社会工作者应了解以下问题：① 老年人面临的主要问题是什么？该问题是如何产生和发展的？② 老年人问题的影响因素有哪些？③ 老年人问题对老年人的生活造成了哪些影响？④ 老年人问题至今没有得到解决的原因是什么？⑤ 老年人有哪些需求？

3. 拟定服务目标和服务内容

与老年人讨论，根据老年人的问题和需求，初步拟定服务目标和服务内容。服务目标是老年社会工作者在老年个案工作中期望实现的目标，可分解为总目标和具体目标。服务内容一般是根据服务目标确定的，包括老年社会工作者在每个阶段应为老年人提供的具体服务。

小贴士

服务目标并不是由老年社会工作者或老年人单方面决定的。当老年社会工作者和老年人对服务目标产生分歧时，双方应进行讨论，坦诚地陈述自己的观点，在达成共识的前提下确定最终的服务目标。

4. 填写个案工作预估表

老年社会工作者应以个案工作预估表的形式将工作过程和要点记录下来，为制订服务计划做准备。个案工作预估表的内容一般包括老年人的背景资料、老年人的问题和需求、初步拟定的服务目标和服务内容等，如表 2-3 所示。

表 2-3 个案工作预估表

老年人姓名		个案编号		老年社会工作者姓名	
一、老年人的背景资料					
（一）老年人生理、心理、社会等方面的资料					
（二）老年人所处社会环境的微观、中观、宏观系统等资料					
（三）老年人对自己和所处环境的感受、观念和看法					
二、老年人的问题和需求					
三、服务目标					
四、服务内容					
老年社会工作者（签名）		日期			
督导者（签名）		日期			

（二）预估的方法

预估的方法包括社会历史报告法、家庭结构图法、社会生态系统图法、社会资源系统法等。

1. 社会历史报告法

社会历史报告法是指对收集到的各种资料进行横向和纵向分析并形成综合报告的方法。

其中，横向分析主要是对老年人问题的成因进行分析，包括生理、心理和社会三个方面的成因；纵向分析主要是对老年人问题的发展过程进行分析，如老年人问题是从什么时候开始出现的、受到哪些重要事件的影响等。社会历史报告法具有综合性、全面性等特点，有利于老年社会工作者做出准确的预估。

2. 家庭结构图法

家庭结构图法是指用特定的符号绘制结构图，表明家庭结构、家庭成员的相互关系、重要的家庭事件等信息的方法。家庭结构图法具有清晰、简要等特点，有利于老年社会工作者从家庭的角度分析老年人问题及其成因，明确造成老年人问题的家庭因素。

家庭结构图的主要符号及其含义如下：

□ 男性	— 已婚	/ 夫妻分居
○ 女性	-- 未婚	// 夫妻离婚

此外，已死亡的家庭成员在“□”或“○”上用“×”表示；“□”或“○”内可标注家庭成员的姓名和年龄；父母与子女之间、子女与子女之间可用双实线表示关系密切，用单实线表示关系疏远等。

课堂互动

老秦是一名退休教师，图 2-3 是他的家庭结构图，请根据该图判断下列信息是否正确：

（1）老秦与妻子关系很好，妻子仍然在世，身体健康。

（2）老秦的女儿已经离婚。

（3）老秦的女儿有两个孩子，且两个孩子都是女孩。

（4）老秦和 3 岁的孙子关系最亲密。

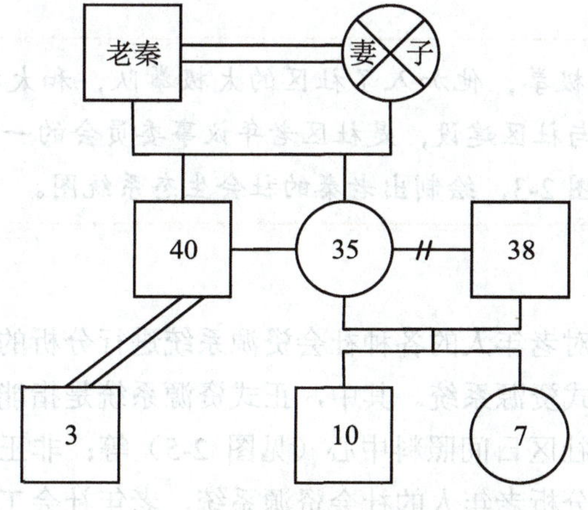

图 2-3　老秦的家庭结构图

3. 社会生态系统图法

社会生态系统图法是指用结构图描述老年人所处社会环境的方法。社会生态系统图能够直观地展示老年人生活中的各个系统（如家庭、社区等）及其相互关系，有助于老年社会工作者系统地认识老年人所处的社会环境，进而分析老年人的压力来源。

社会生态系统图通常由老年社会工作者和老年人共同绘制，其绘制步骤如下：① 在一张白纸的中央画一个圆圈，表示老年人的家庭，在圆圈内标明家庭的构成；② 在表示家庭的圆圈周围画出其他圆圈，表示平时生活中会与老年人产生交集的其他个人、群体和组织；③ 用不同类型的线条表示各圆圈之间的关系，如用实线表示关系较密切、用虚线表示关系较疏远等。例如，周奶奶丧偶，有一个 40 岁的女儿，女儿已结婚，周奶奶与女婿的关系较为疏远。此外，周奶奶平时喜欢跳舞，是社区老年舞蹈队的队长。周奶奶的社会生态系统图如图 2-4 所示。

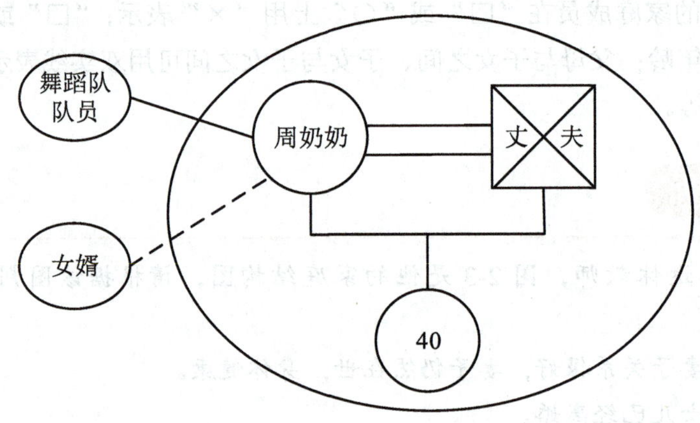

图 2-4　周奶奶的社会生态系统图

老秦平时喜欢打太极拳，他加入了社区的太极拳队，和太极拳队的老张成了好朋友。此外，老秦积极参与社区建设，是社区老年议事委员会的一员。

请结合上述材料和图 2-3，绘制出老秦的社会生态系统图。

4. 社会资源系统法

社会资源系统法是指对老年人的各种社会资源系统进行分析的方法。社会资源系统主要包括正式资源系统和非正式资源系统。其中，正式资源系统是指能够为老年人提供资源、促进老年人发展的组织，如社区日间照料中心（见图 2-5）等；非正式资源系统主要由家属、朋友、邻里等构成。通过分析老年人的社会资源系统，老年社会工作者能够了解老年人的资源情况，从而更加合理地整合可利用的社会资源，为解决老年人问题提供条件。

图 2-5　社区日间照料中心

（三）预估的注意事项

在预估过程中，老年社会工作者应注意以下事项：

（1）注重老年人及相关人员（如老年人家属、社区工作人员）的参与。

（2）保持个人价值观中立。

（3）认定问题时应从系统的角度出发，不能简单归因，同时应与老年人讨论，避免认识错误或产生偏差。

（4）正确认识老年人的多种问题以及造成老年人问题的多种原因，在此基础上与老年人共同确定解决问题的优先顺序。

小贴士

老年社会工作者应优先解决最核心的问题、对老年人来说最紧急的问题或最容易解决的问题。

四、制订服务计划

制订服务计划时，老年社会工作者应从个人能力、机构能够提供的资源和服务、老年人的资源等多方面综合考虑，为老年人提供最合适的服务。

（一）服务计划的内容

服务计划的内容一般包括老年人问题及其产生的原因、服务目的、服务模式、服务目标、介入策略、工作进度、评估方法等。老年社会工作者确定上述内容后，应据实填写个案工作服务计划表，如表 2-4 所示。

表 2-4　个案工作服务计划表

<table>
<tr><td>老年人姓名</td><td></td><td>个案编号</td><td></td><td>老年社会工作者姓名</td><td></td></tr>
<tr><td colspan="6">老年人问题及其产生的原因</td></tr>
<tr><td colspan="6"></td></tr>
<tr><td colspan="6">服务目的（与老年人商谈后确定）</td></tr>
<tr><td colspan="6"></td></tr>
<tr><td colspan="6">服务模式</td></tr>
<tr><td colspan="6"></td></tr>
<tr><td colspan="6">服务目标、介入策略、工作进度</td></tr>
<tr><td colspan="6"></td></tr>
<tr><td colspan="6">评估方法</td></tr>
<tr><td colspan="6"></td></tr>
<tr><td colspan="2">老年社会工作者（签名）</td><td colspan="2"></td><td>日期</td><td></td></tr>
<tr><td colspan="2">督导者（签名）</td><td colspan="2"></td><td>日期</td><td></td></tr>
</table>

（二）制订服务计划的要求

在制订服务计划的过程中，老年社会工作者应做到以下几点：

（1）服务计划应详细、具体，以便明确工作方向。

（2）服务计划应具有可操作性，即服务计划中的介入策略是切实可行的，并且能够按照计划的工作进度完成。

（3）在制订服务计划时，应尽量选择定量评估方法，以便能够更准确地评估介入效果。

五、签订服务协议

服务协议是指老年社会工作者为了解决老年人问题，与老年人协商后签订的契约。个案工作服务协议是服务计划能够顺利实施的保障，其内容一般包括服务目的、服务内容、服务监督与评估、附则等，如表 2-5 所示。

表 2-5　个案工作服务协议

甲方（委托方）： 乙方（机构/老年社会工作者）： 在自愿、平等、协商一致的情况下，就甲方委托乙方提供老年社会工作个案服务事项订立本协议。 第一条　服务目的 …… 第二条　服务内容 …… 第三条　服务监督与评估 …… 第四条　附则 …… 甲方（盖章/签字）：　　　　乙方（盖章/签字）： 日期：　年　月　日　　　　日期：　年　月　日

小贴士

个案工作服务协议并不是一成不变的，老年社会工作者在助人的过程中，应根据老年人的变化不断修改和完善服务协议，必要时可根据老年人的新需求重新商定。

六、实施服务计划

（一）实施服务计划的主要任务

实施服务计划就是老年个案工作的介入过程，在这一过程中，老年社会工作者的主要任务一般包括推进服务、扮演专业角色和维持专业关系等。

1. 推进服务

推进服务是指老年社会工作者采用专业的服务方法，逐步推进老年个案服务，使老年人正向改变的过程。在这个过程中，老年社会工作者不仅要根据服务计划推进服务，还要根据实际情况不断调整服务方法和介入策略。

2．扮演专业角色

随着服务的不断深入，老年社会工作者会遇到各种情况，因此需要扮演不同的专业角色，以保障服务顺利推进。在扮演不同的专业角色时，老年社会工作者应充分了解不同角色的职责，把握好角色特点，在自己的能力范围内为老年人提供服务。

课堂互动

徐爷爷，64岁，退休前是一名羽毛球教练，患有抑郁症。近几个月，徐爷爷不愿意出门，经常独自待在家中。对此，老年社会工作者小刘采取了以下行动：发掘徐爷爷的兴趣爱好，鼓励徐爷爷重新开始打羽毛球；为徐爷爷讲解心理学知识，帮助其缓解抑郁情绪；帮助徐爷爷联系心理医生，使其接受专业的心理辅导；等等。

讨论：在上述案例中，小刘扮演了哪些专业角色？

3．维持专业关系

维持专业关系有利于提高老年人的配合度，从而提高服务效果。老年社会工作者可以从以下几个方面维持与老年人的专业关系：① 增强对老年人的共情能力，理解和尊重老年人；② 关怀老年人，向老年人表达自己愿意为其提供帮助；③ 真诚地对待老年人，坦诚地与老年人交流自己的感受。

（二）实施服务计划的方式

实施服务计划的方式包括直接介入和间接介入，具体如下。

1．直接介入

直接介入是指老年社会工作者以老年人及其家庭为关注对象，直接为老年人提供服务。

直接介入的主要内容如下：

（1）鼓励老年人利用现有资源。老年社会工作者应了解老年人现有资源的具体情况，支持和引导老年人利用现有资源并积极挖掘可用的潜在资源。

（2）促使老年人适应社会环境。老年社会工作者应帮助老年人积极接触社会环境，同时通过改变社会环境满足老年人的需求，从而增强老年人适应社会环境的能力。

（3）促使老年人正向改变。老年社会工作者应充分发挥自身的影响力，采用奖励、劝导等方法影响老年人的认知、情绪、行为等，使老年人正向改变。

（4）增强老年人的主观能动性。老年社会工作者应对老年人进行能力建设，以帮助其恢复社会功能，减少社会功能退化给老年人带来的不利影响，从而使老年人能够发挥主观能动性，积极参与社会生活。

2．间接介入

间接介入是指老年社会工作者以老年小组、社区或更大的社会系统为关注对象，间接为

老年人提供服务。

间接介入的主要内容如下：

（1）协调和链接老年人所需要的各种资源。在实施服务计划的过程中，老年社会工作者应挖掘各种资源，并对所获取的资源进行协调、整合和利用，以满足老年人的需求。

（2）改变老年人所处的环境。老年社会工作者可通过改变环境条件来影响老年人的行动，如协调老年人的人际关系、建立互助小组、改善老年人的生活环境等。

（3）创新服务资源。当现有服务资源不能完全满足老年人的需求时，老年社会工作者可通过改变工作流程和工作方法等，开发出新的服务资源，以便更好地为老年人提供服务。

一餐住家饭，让居家老年人享受亲情

广东省东莞市茶山镇社工站的老年社会工作者在日常工作过程中，发现无子女及空巢独居的高龄老年人一般无法得到正常的生活照料，连最基本的吃饭问题往往都凑合了事。为此，该社工站启动了“一餐住家饭”项目，该项目由老年社会工作者联动志愿者、家庭医生等社区资源综合实施，具体包括以下几个阶段：

（1）资源链接。该阶段主要包括组建服务团队，确定项目宣传、资源整合、志愿者管理、成效监测等工作的人员分工；筹备资金、物资（如食材）等基础资源；建立志愿服务家庭的资源库，如与茶山镇的中小学取得联系，选择合适的学生家庭作为该项目的志愿服务家庭。

（2）人员招募，包括服务对象、志愿者的招募。老年社会工作者初步筛选出服务对象后，逐一上门调研、评估，与老年人及其家属达成服务协议，并签署服务同意书；招募、筛选符合条件的志愿者，并对志愿者进行培训。

（3）午餐陪伴。志愿者陪同老年人烹饪、共享午餐，同时与老年人谈心，午餐后陪伴老年人，并了解其身心需求。

（4）回访监测。老年社会工作者与志愿者对老年人的态度、情绪和行为变化进行记录，在活动结束后的10个工作日内回访，了解老年人的感受、情绪等。

（资料来源：卢换仪、刘肖霞，《老年服务案例｜一餐住家饭，让居家长者享受亲情》，《中国社会工作》，2023年11月上刊）

七、评估与结案

（一）评估

老年个案工作的效果需要经过评估才能得出准确的判断。评估不仅是老年人获得优质服务的保证，也是老年社会工作者总结服务经验、改进服务方法的依据。

老年个案工作结束后，老年人、老年社会工作者和督导者应对整个工作进行评估。评估的内容一般包括过程评估和成效评估。其中，过程评估包括评估服务过程中运用的理论、服务模式、方法，服务过程中的资源（包括人力、物力、财力等）投入情况，进度的把控和调整，工作人员的表现，对专业的反思等；成效评估包括评估老年人的改变情况（如哪些方面得到了改善）、目标的实现情况、老年人的满意度等。

评估完成后，应填写个案工作评估表，如表 2-6 所示。

表 2-6　个案工作评估表

老年人姓名		个案编号		老年社会工作者姓名	
接案日期			结案日期		
以下内容由老年人填写					
一、您接受了老年社会工作者的哪些服务？					
二、接受老年社会工作者的服务后，您应对困难、解决问题的能力是否得到了提高？					
□ 是　　说明： □ 否					
三、您对老年社会工作者的表现满意吗？（请在答案处画“√”）					
□ 非常满意　　□ 满意　　□ 一般　　□ 不满意　　□ 非常不满意					
四、接受本机构的服务后，您的问题是否得到解决？（请在答案处画“√”）					
完全没有解决　　　　完全解决 1　2　3　4　5　6　7　8　9　10					
五、服务结束时，您与老年社会工作者商定的目标实现情况如何？（请在答案处画“√”）					
□ 完全实现　　说明： □ 部分实现　　说明： □ 未能实现　　说明：					
六、其他评价与建议					
老年人（签名）			日期		

续表

<table>
<tr><td colspan="4">以下内容由老年社会工作者填写</td></tr>
<tr><td colspan="4">一、目标实现情况（重点描述老年人的改变情况，如情绪改善、行为改变、能力提高等）</td></tr>
<tr><td colspan="4"></td></tr>
<tr><td colspan="4">二、总结与反思</td></tr>
<tr><td colspan="4"></td></tr>
<tr><td>老年社会工作者（签名）</td><td></td><td>日期</td><td></td></tr>
<tr><td colspan="4">以下内容由督导者填写</td></tr>
<tr><td colspan="4">服务评价</td></tr>
<tr><td colspan="4"></td></tr>
<tr><td colspan="4">老年社会工作者表现评价</td></tr>
<tr><td colspan="4"></td></tr>
<tr><td colspan="4">督导者建议</td></tr>
<tr><td colspan="4"></td></tr>
<tr><td>督导者（签名）</td><td></td><td>日期</td><td></td></tr>
</table>

（二）结案

1．可以结案的情况

当出现以下情况之一时，老年社会工作者可以结束或终止服务，意味着老年个案工作进入结案阶段：

（1）老年社会工作者和老年人都认为已实现服务目标。

（2）虽然还未实现服务目标，但老年人已经具备面对和解决问题的能力，不再需要老年社会工作者为其提供服务。

（3）老年社会工作者和老年人未建立和谐的专业关系，双方都希望结束服务。

（4）老年人出现了新的问题，需要其他老年社会工作者予以解决。

（5）出现了其他不可预测的因素，需要结束老年个案工作。

小贴士

如果出现(3)(4)(5)中的情况,老年社会工作者应协助老年人进行转介,帮助老年人获得必要的、合适的服务。

2. 结案的主要任务

在结案阶段,不同的老年人会有不同的反应。有的老年人对问题的解决和自己的成长感到十分欣喜,对未来充满信心;有的老年人可能会担心失去老年社会工作者的帮助后,自己无法独立解决问题,或由于过度依赖老年社会工作者而不愿结束服务,进而出现悲伤、失落、痛苦等消极情绪。

无论出现哪种情况,老年社会工作者都应谨慎处理,做好以下工作:

(1)在服务后期,适当延长服务间隔时间,提醒老年人自立,以减少老年人对老年社会工作者的依赖。

(2)提前将服务进程告知老年人,让老年人做好心理准备,并关注老年人的情绪变化。

(3)引导老年人回顾服务过程,肯定老年人的成长与进步,以增强老年人独立解决问题的信心。

(4)与老年人探讨结案后可能出现的困难及其应对措施,引导老年人为结案后的生活做好充足准备。

(5)与老年人商定结案后的跟进事宜,如回访时间、回访方式等。

(6)安抚老年人的离别情绪。

课堂互动

沈奶奶,60岁,因生活中无人陪伴而出现抑郁情绪。在老年社会工作者小张的关心和帮助下,沈奶奶逐渐从抑郁情绪中走了出来。随着沈奶奶情况的好转,小张与沈奶奶沟通,打算进入结案阶段。

请根据上述案例,一人扮演小张,一人扮演沈奶奶,模拟小张在此次个案工作中最后一次与沈奶奶沟通的过程,顺利完成结案。

任务实施

模拟老年个案工作的基本流程

【任务描述】

请为朱奶奶、彭爷爷和严爷爷设计服务流程,并以小组为单位进行情景模拟。

【任务要求】

（1）学生按照本项目任务一任务实施中的分组情况进行分组。

（2）各小组根据本小组选定的老年人的具体情况，为该老年人设计服务流程。服务流程应包括接案、收集资料、预估、制订服务计划、签订服务协议、实施服务计划、评估与结案等步骤。

（3）小组长进行任务分工，小组成员分别扮演老年人、老年人家属、老年社会工作者及其他相关人员，并模拟上述服务流程。要求：各小组的模拟时间不超过 20 分钟，可提前准备所需物品和资料。

（4）小组长将本小组的模拟过程录制下来，并将视频提交给主讲教师。

任务四　熟悉老年个案工作的技巧

任务导入

结案后，李奶奶专门到 A 社区养老服务中心向小李表示感谢。她表示，刘老师现在白天下棋，晚上去茶社听相声，再也没有说过“活着没意思”这种话了。老王听了向小李竖起了大拇指，并提出让小李和大家分享工作经验，帮助大家共同成长。

小李想到，在这次服务过程中，正是因为运用了许多在上次社工培训中学习到的工作技巧，她的工作才开展得如此顺利。例如，会谈时积极倾听刘老师传达的信息，不时地做出回应，鼓励刘老师勇敢表达自己的观点……她兴致勃勃地和同事们分享起来。

思考：

（1）老年个案工作的技巧有哪些？

（2）小李运用了哪些会谈技巧？

一、会谈技巧

会谈是老年个案工作中的重要环节，贯穿老年个案工作的始终。老年社会工作者合理运用会谈技巧，有利于提高老年个案工作的服务效果。会谈技巧一般包括支持性技巧、引领性技巧和影响性技巧等。

（一）支持性技巧

支持性技巧是指老年社会工作者借助口头语言和副语言，让老年人感受到被理解、被接纳的一系列技巧。

小贴士

副语言又称伴随语言，可分为以下两种：① 有声的，包括伴随口头语言所发出的笑声、哭声、呻吟声、清嗓子声，以及压低或提高声音等；② 无声的，包括手势、身势、面部表情、目光注视等。

支持性技巧主要包括积极倾听、专注、鼓励、同感等。

1．积极倾听

积极倾听是指老年社会工作者用心聆听老年人传达的信息，仔细观察老年人的表情和动作，及时思考和整合信息，理解老年人的感受并做出积极的回应。运用积极倾听技巧时，老年社会工作者应注意以下三点：

如何做到有效倾听

（1）向老年人传达“我对您的叙述很感兴趣，并在尝试理解您”的信息，鼓励老年人尽情谈论自己的想法和感受。

（2）不仅要倾听老年人通过口头语言所表达的内容，还要通过观察判断老年人的情绪状态等。

（3）可以通过“是的”“然后呢”“对”等口头语言或点头、微笑等副语言予以回应。

2．专注

专注是指老年社会工作者借助友好的目光注视、开放的姿势和专心的态度关注老年人的表达。例如，老年社会工作者在与老年人会谈时，可以适当将身体前倾，不时与老年人进行眼神交流，用简短的语言重复老年人所说的基本信息，等等。

3．鼓励

鼓励是指老年社会工作者肯定老年人的积极表现，使老年人继续表达自身的感受和看法，并保持已有的积极行为。运用鼓励技巧时，老年社会工作者应注意以下三点：

（1）在老年人陈述特别事件时，可以通过口头语言表达对老年人的鼓励，如“很好，请继续”“没关系，您可以放心说出来”等。

（2）在老年人不愿意沟通时，应保持耐心，鼓励老年人勇敢面对，但不应强迫老年人。

（3）必要时，可借助其他人（如老年人的家属、心理医生等）的力量鼓励老年人。

4．同感

同感是指老年社会工作者设身处地地体会老年人的内心感受，准确理解并将其传达给老年人，引导老年人进一步体会自己的感受、想法。运用同感技巧时，老年社会工作者应注意以下两点：

（1）与老年人进行全面沟通，了解老年人的性格特点和思维模式，以此体会老年人的真实感受。

（2）保持中立的价值观，不被老年人的思想和行为所影响。

在以下场景中，老年社会工作者小马分别运用了哪种支持性技巧？

（1）余奶奶："你们这里的服务不行，窗口办事效率太低。之前我来申请补贴，一会儿说要补这个资料，一会儿又说要补那个资料，一点都不方便，你们应该……"

小马：（耐心听完）"您的意见我已经记录下来了。是这样的，这里是街道的社工站，虽然不负责窗口的业务内容，但如果您需要，我可以帮您将这些内容反馈给负责的窗口。"

（2）施奶奶："我觉得外面不安全，每次出去都很担心自己发生意外，所以我宁愿不出去。"

小马："您很担心外出会发生意外，所以宁愿待在家中也不出去。"

（3）张奶奶："有件事，我不知道该怎么说。"（停顿）

小马：（看出张奶奶的犹豫，微笑着注视张奶奶）"您愿意试着跟我说一说吗？"

（二）引领性技巧

引领性技巧是指老年社会工作者主动引导老年人具体、深入地进行自我探索的一系列技巧，包括提问、澄清、对焦、摘要等。老年社会工作者运用引领性技巧，有利于增进自身对老年人的认识，也有利于帮助老年人更清晰地认识自己和自己的处境。

1．提问

提问的方式一般包括封闭式提问和开放式提问。采用封闭式提问方式时，应提供若干具有穷尽性（列出所有的答案，不能遗漏）和互斥性（各答案之间不能交叉）的答案，由老年人从中选择合适的答案；采用开放式提问方式时，不用设置问题的具体答案，由老年人根据自己的实际情况回答。在提问时，老年社会工作者应考虑老年人的身心特点、职业经历、文化程度等，避免提出老年人无法回答的问题。

2．澄清

澄清是指老年社会工作者引导老年人对模糊不清的信息做更详细、更清楚、更准确的解释，同时针对自己表述不清的信息进行解释。运用澄清技巧时，老年社会工作者应注意以下两点：

（1）针对模糊不清的信息，应及时询问老年人，必要时可请老年人举例说明。

（2）在向老年人传递信息时，应注意观察老年人的反应，如果发现老年人有疑问，应及时向老年人说明。

3．对焦

对焦是指老年社会工作者将话题集中，指出重点和目标所在，再引导老年人继续讨论。

对焦可以减少无关内容的干扰，使会谈更加深入、具体。运用对焦技巧时，老年社会工作者应注意以下三点：

（1）不宜强行打断老年人说话，应先对老年人做出回应，再重申会谈的话题。

（2）根据老年人偏离话题的程度和时间决定是否进行对焦。

（3）避免被老年人带离话题或自己将话题带偏。

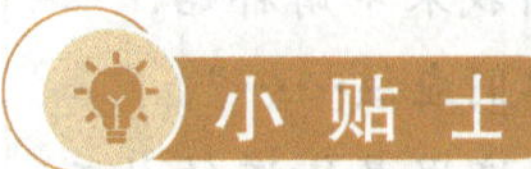
小贴士

在运用鼓励技巧时，应让老年人勇敢表达自己，但是当老年人表达混乱、偏离话题时，老年社会工作者应及时对焦，将话题带回来。

4. 摘要

摘要是指老年社会工作者对老年人的长段谈话内容或不同部分的话题进行整理、概括和归纳，并进行简要摘述。摘要可以使老年社会工作者准确把握老年人传递的信息，也有利于确定老年人问题的先后顺序。运用摘要技巧时，老年社会工作者应注意以下三点：

（1）根据服务目标，有选择性地对老年人的陈述进行概括，注意语言要简练。

（2）将老年人提及的主要事件和感受联系起来，注意摘要的逻辑性。

（3）做完摘要后向老年人确认，确保摘要的准确性。

（三）影响性技巧

影响性技巧是指老年社会工作者为老年人提供必要的信息或建议，使老年人能够从新的角度和层面理解问题，或采用适当的方法解决问题的一系列技巧，包括信息提供、自我披露、建议、忠告、对质等。运用影响性技巧的前提是，老年社会工作者与老年人已建立了良好的专业关系，且双方相互信任。

1. 信息提供

信息提供是指老年社会工作者基于自身的专业特长和工作经验，向老年人提供相关的新知识、新观念等或纠正老年人已知的错误信息。老年社会工作者应充分了解老年人的知识背景，分析老年人对信息的接收能力，再选择适当的方式向老年人提供信息。

2. 自我披露

自我披露是指老年社会工作者有选择性地向老年人披露自己的经验、处事方法和态度等，为老年人解决问题提供参考。运用自我披露技巧时，老年社会工作者应注意以下四点：

（1）自我披露的内容应与老年人的问题密切相关，能为老年人提供实质性的帮助。

（2）自我披露后应与老年人讨论，让老年人分析披露的内容能否为解决问题提供参考。如果老年人认为没有参考价值，则应尊重老年人的看法。

（3）自我披露的频率不能过高，以免会谈的焦点发生转移。

（4）检视和监督自己，不能出于个人需要而进行自我披露。

3. 建议

建议是指老年社会工作者对老年人的情况、问题或需求进行了解和评估后，提出客观、中肯、有助于解决问题的意见。建议有利于扩大老年人的决策范围，促使老年人采取合适的行动。运用建议技巧时，老年社会工作者应注意以下四点：

（1）以商量的口吻、征询式的态度清晰地向老年人提出建议，并说明提出该建议的原因和依据。

（2）与老年人对建议的可行性进行讨论，确保老年人明白这些建议。

（3）不宜过早提出建议，以免老年人产生依赖心理。

（4）时刻秉持案主自决的原则，让老年人自行判断和选择。

4. 忠告

忠告是指老年社会工作者向老年人指出其行为的危害性或其必须采取的行动。老年社会工作者运用忠告技巧时，如果操作不当，容易引起老年人的反感和排斥。因此，老年社会工作者应在平等的基础上耐心地向老年人解释清楚，引导老年人主动思考，以免使老年人感觉到被强迫。

小贴士

忠告通常是针对一些较为严重的事件或行为运用的技巧。老年社会工作者应对事件或行为的严重程度进行判断并反复斟酌，必要时可与其他专业人员商议。

5. 对质

对质是指老年社会工作者发现老年人出现言行不一致的情况时，直接发问或提出质疑。运用对质技巧时，老年社会工作者应注意以下四点：

（1）只有对老年人有具体而深入的了解后，才能对质。

（2）在对质时，应表现出真诚的态度和对老年人的尊重。

（3）坚持非批判的原则，不要一味责怪老年人。

（4）对质后不应要求老年人立刻改变，应给予老年人适当的时间去检查和反思自己。

经典案例

小马与赵奶奶会谈的过程

一天，老年社会工作者小马收到赵奶奶女儿的求助信息，在了解基本情况后，小马来到赵奶奶家中，与赵奶奶进行了初次会谈。以下是小马与赵奶奶会谈的过程。

小马：“赵奶奶，您好！我是社区服务中心的老年社会工作者小马。听说您最近情绪比较低落，好久没去参加太极拳训练了，大家都很想您，委托我来看看您。”

赵奶奶："我挺好的，谢谢大家关心。"

这时小马看到墙上挂着赵奶奶的照片。

小马："赵奶奶，您最近憔悴了很多，您看您之前多漂亮，多有精神，年轻又有活力。"

赵奶奶："年轻、漂亮有什么用，现在又没人看了。"

小马："赵奶奶，您退休之前是单位的会计吧？听说您那时候很优秀，经常被评为先进工作者，单位同事都很喜欢您。"

赵奶奶微笑着点了点头，让女儿给小马倒了一杯水。

赵奶奶："是的，我工作的时候经常被评为先进工作者，我丈夫也是单位的骨干。"

小马："退休以后，您也经常参加社区活动，还是社区太极拳队的骨干。您经常代表社区参加会演吧？"

赵奶奶："我和丈夫一起进入社区太极拳队，虽然退休了，但我还是很开心的。现在就剩我一个人，也没什么意思了。"

小马："赵奶奶，我知道您肯定非常想念您的丈夫，也很痛苦，我们大家都不想看到您这个样子。如果您愿意，能不能说说您现在的苦闷，我们试试一起想办法。"

赵奶奶："我和丈夫是通过别人介绍认识的，他那时在大学教书，很有才华，而且为人谦和。结婚后，他对我也很好，我们很少吵架。后来有了两个孩子，孩子们都很懂事，也很争气。"

小马在倾听的同时不断点头，用温和的眼神注视着赵奶奶。

赵奶奶："我和丈夫都是读过书的人，非常注重培养孩子们独立的性格，也有自己的生活空间，经常一起参加活动。我们本来打算夏天一起去旅游，结果再也去不了了。他走后，我的生活变得毫无乐趣。我们好不容易把孩子培养成人，可以享受天伦之乐了，现在他却抛下我一个人，我简直生不如死啊……"

赵奶奶说着说着就哭了起来，小马赶紧给赵奶奶递上纸巾，并安慰她："赵奶奶，您还有子女在身边呢。不管怎样，您一定要保持身体健康，不要让子女担心。"

赵奶奶沉默了一会儿。

小马："现在太极拳队的爷爷奶奶都惦记着您呢，大家都说您不去队里就缺乏活力，都希望您早日回去，让太极拳队重振雄风呢。据我了解，太极拳队里很多老年人也是独自生活，大家有烦恼还可以一起倾诉。"

赵奶奶："我也去过几次，但是每次去了之后就更想念我丈夫。"

小马："赵奶奶，我们可以帮助您一起解决困难。您每天这样下去，子女都很担心，而且自己身体也吃不消。再说，您还要照顾您的孙女、外孙女长大成人呢。"

赵奶奶点了点头。

自此，小马和赵奶奶已经初步建立了专业关系，赵奶奶开始接纳小马，愿意和小马一起面对问题。

二、访视技巧

通过访视，老年社会工作者能实地了解老年人及其生活环境的具体情况，有利于帮助老年人解决问题。访视时，老年社会工作者应运用以下技巧：

（1）在访视前，应与老年人约定好探访的时间、时长、地点，并熟记老年人的相关资料。

（2）访视时应着装整洁、得体，主动将自己的姓名、工作单位以及此行的目的告知老年人。

（3）在访视中应多观察、多倾听，如果要拍照、录音、录像等，应征得老年人的同意。

（4）在访视结束前应总结访视的内容，向老年人反馈其在访视中的良好表现，并询问老年人对这次访视的感受、意见。

三、评估技巧

评估时，老年社会工作者应运用以下技巧：

（1）在评估前，向老年人表达自己的诚意，说明评估是为了了解服务效果、改进工作方法，鼓励老年人表达真实的想法。

（2）综合使用多种评估方法和评估工具，确保评估结果的准确性。

（3）鼓励老年人积极参与，如与老年人一起商定评估事宜、让老年人组织和安排评估工作等。

（4）在评估后，应对评估内容进行归纳、总结，将评估结果与服务目标进行比对，了解工作中的不足，以便日后改进。

任务实施

分析老年个案工作的技巧

【任务描述】

主讲教师开展主题班会，并引导学生讨论各小组在老年个案工作技巧运用方面的优点与不足。

【任务要求】

（1）学生按照本项目任务一任务实施中的分组情况进行分组。

（2）在开展主题班会前，小组长组织本小组成员观看所有小组的情景模拟视频。

（3）在主题班会上，小组长组织本小组成员根据所学知识讨论、分析各小组在老年个案工作技巧运用方面的优点与不足，并投票选出在老年个案工作技巧运用方面表现最好的小组。注意：每小组仅有一票，且不能将该票投给本小组。

（4）主讲教师公布投票结果并对各小组的表现进行点评。

学习成果自测

1．填空题

（1）老年个案工作是指老年社会工作者以__________的工作方式，为老年人及其家庭解决困难的专业社会工作方法。

（2）危机干预模式的第一步是__________。

（3）理性情绪治疗模式又称__________。

（4）在__________阶段，老年社会工作者应对老年人进行初步评估，确定该老年人能否成为个案工作的服务对象。

2．单项选择题

（1）下列选项中，（　　）不属于危机干预模式的基本原则。

A．及时处理　　B．扩大目标

C．恢复自尊　　D．提供支持

（2）下列选项中，（　　）不属于预估的方法。

A．社会历史报告法　　B．家庭结构图法

C．认知的家庭作业　　D．社会资源系统法

（3）下列选项中，（　　）不属于直接介入的内容。

A．创新服务资源

B．鼓励老年人利用现有资源

C．增强老年人的主观能动性

D．促使老年人适应社会环境

（4）下列情况中，（　　）不属于可以结案的情况。

A．老年社会工作者和老年人都认为已实现服务目标

B．还未实现服务目标，老年人仍需要老年社会工作者的服务

C．老年社会工作者和老年人未建立和谐的专业关系，双方都希望结束服务

D．老年人出现了新的问题，需要其他老年社会工作者予以解决

（5）在个案会谈中，老年社会工作者经常会运用摘要技巧。下列回应中，（　　）运用了摘要技巧。

A．“您女儿大老远跑过来，就为了跟您吵架？”

B．“发生这样的事，您一定觉得很难过吧？”

C．“您能够和我说这些，已经非常好了，您要相信自己。”

D．“听起来，您希望在一个既方便社交，又注重隐私保护的环境中居住。”

（6）下列选项中，（　　）属于引领性技巧。

A．提问　　　　B．信息提供

C．建议　　　　D．自我披露

3．简答题

（1）简述老年个案工作的主要内容。

（2）认知行为治疗模式的方法有哪些？

（3）简述老年个案工作接案前的准备工作。

（4）简述结案的主要任务。

学习成果评价

请进行学习成果评价，并将评价结果填入表 2-7 中。

表 2-7 学习成果评价表

班级		组号		日期	
姓名		学号		主讲教师	
项目名称	老年个案工作				
评价项目	评价内容			满分	评分
理论知识（40%）	老年个案工作的含义、主要内容和原则			10	
	老年个案工作的服务模式			12	
	老年个案工作的基本流程			12	
	老年个案工作的技巧			6	
实践技能（40%）	能够结合实际情况，合理选择老年个案工作的服务模式			10	
	能够按照流程开展老年个案工作，并合理运用老年个案工作的技巧			30	
综合素养（20%）	乐于学习，勤于学习，善于学习			5	
	具备团队精神，积极与他人合作			5	
	做尊老、敬老、爱老、助老的倡导者和践行者			5	
	始终秉持“以人为本、助人自助”的专业价值观			5	
合计				100	
自我评价					
教师评价					

项目三
老年小组工作

项目引言

老年社会工作者开展老年小组工作，可以为老年人创造小型的社会环境，使老年人通过参与小组活动更好地理解他人，与他人建立起良好的人际关系，并帮助老年人不断开发潜能，恢复和发展社会功能，从而实现自我成长。

知识目标

- 理解老年小组工作的含义、内容、功能和原则。
- 熟悉老年小组工作的服务模式。
- 掌握老年小组工作的基本流程。
- 熟悉老年小组工作的技巧。

素质目标

- 能够以“共同建设、共同创新、共同分享”的理念为基础组建老年小组，为老年人继续发挥作用创造条件，引导老年人保持健康心态和进取精神。
- 关注老年小组的发展规律，树立“按客观规律办事”的意识。

任务一 认识老年小组工作

任务导入

近期，小李发现老王变得十分忙碌。每天早晨，小李到达A社区养老服务中心时，老王已经在资料室翻看文献了；下班时，小李总能看到老王在社区里发放问卷，或者和老年人聊天。小李感到很好奇，同时也想为老王分担一些工作，于是主动询问老王。

老王告诉小李，他发现周边几个小区老年人居多，且空巢老人、随迁老年人、独居老年人所占比例较大。这些老年人闲暇时间较多，经常感到孤独，渴望参与社会活动，并希望与他人建立关系，但社区缺乏活动场地和设施，老年人们只能偶尔在社区里散散步。因此，老王想组建一个老年社交康乐小组，以丰富这些老年人的生活，但目前还未组建工作团队。小李当即表示愿意加入，协助老王开展老年小组工作。

思考：

（1）什么是老年小组工作？老年小组工作的内容有哪些？

（2）老年小组工作的功能有哪些？

一、什么是老年小组工作

老年小组工作是指老年社会工作者以存在共同需求或相近问题的群体（老年小组）为服务对象，通过开展小组活动帮助老年人改善其社会功能的专业社会工作方法。

具体来说，老年小组工作具有以下内涵：

（1）服务对象主要是由老年人组成的群体，有时也包括老年人家属。

（2）一般以小组活动的形式开展。

（3）采用面对面的互动方式，鼓励组员与老年社会工作者、其他组员进行互动，以提高小组凝聚力。

二、老年小组工作的内容

根据组员特征的不同，老年小组可分为老年社交康乐小组、老年成长小组、老年教育小组、老年支持小组、老年治疗小组、动机激发小组、现实辨识小组、护老者小组等。针对不同类型的老年小组，老年社会工作的内容也有所不同。

（一）老年社交康乐小组活动

老年社交康乐小组通常由社会功能退化或社会功能丧失的老年人组成，他们希望与他人

分享自己的兴趣爱好，建立良好的人际关系。老年社交康乐小组活动没有限制，老年社会工作者可以根据老年人的兴趣爱好、才艺和技能等设计小组活动。

“多彩生活 乐享银龄”老年社交康乐小组活动

天津市宝坻区钰华街道综合养老服务中心的老年社会工作者在入户探访的过程中，发现辖区内老年人的日常娱乐活动较少，以散步、闲聊为主。为了丰富老年人的晚年生活，该养老服务中心联合社工站组织了以“多彩生活 乐享银龄”为主题的老年社交康乐小组活动。

小组活动开始之前，老年社会工作者带领老年人进行了一系列游戏，为老年人营造了欢乐、轻松的小组氛围，使老年人能够主动融入小组。随后，老年社会工作者引导老年人分享了对自己影响较大的事件，增进了老年人之间的情感交流。

在老年人相互熟悉后，老年社会工作者组织老年人在帆布袋上进行创意绘画。老年社会工作者详细介绍了绘画的技巧和注意事项，并发放了活动所需材料。有趣的活动瞬间激发了老年人的创作欲，大家纷纷用画笔蘸上颜料，认真勾勒，专心描绘，一个个普通的帆布袋在老年人的画笔下变得五彩斑斓。同时，老年社会工作者还鼓励老年人相互交流、分享经验，在一片欢声笑语中，老年人感受到了人际交往的乐趣。

（资料来源：许萌，《钰华街道综合养老服务中心开展“多彩生活 乐享银龄”老年人康乐小组活动》，宝坻长安网，2023 年 9 月 26 日）

（二）老年成长小组活动

老年成长小组通常由被孤立或被忽视的老年人组成，他们往往面临着难以获取信息、无法适应社会等问题。

在老年成长小组活动中，老年社会工作者应以促进老年人的个人成长和正向改变为目标，帮助老年人在自我认识和自我探索的基础上，最大限度地利用自己的资源解决问题。例如，老年社会工作者可通过慢性病预防小组活动，帮助老年人了解自己的身体状况，增强健康管理意识，学会科学用药。

（三）老年教育小组活动

老年教育小组通常由具有学习需求的老年人组成，如健康养生知识小组、老年安全教育小组等。在老年教育小组活动中，老年社会工作者应根据老年人的学习需求为其安排学习内容，帮助老年人学习新的知识和技能，以促进老年人的身心健康和社会参与。

（四）老年支持小组活动

老年支持小组通常由拥有相同经历的老年人组成。在老年支持小组中，组员可以相互分享人生经历，相互提供信息、建议和情感支持，帮助遭遇变故（如丧偶、患慢性病、变更住所等）的老年人应对生活中的困难。

在老年支持小组活动中，老年社会工作者应营造温馨、融洽的小组氛围，并通过小组活动鼓励组员相互理解、相互支持，从而增强小组凝聚力。

（五）老年治疗小组活动

老年治疗小组通常由身心遭受过创伤的老年人组成。在老年治疗小组活动中，老年社会工作者应运用专业技巧引导老年人直面问题，并协助老年人找到解决问题的方法。例如，在老年抑郁症小组活动中，老年社会工作者应帮助老年人识别诱发抑郁症的因素，找到缓解抑郁症的方法。

小贴士

在老年治疗小组活动中，老年社会工作者应确定老年人是自愿加入该小组，而不是被家属、医生等强迫加入的，否则小组活动不仅无法解决老年人的问题，还有可能对老年人产生负面影响。

（六）动机激发小组活动

动机激发小组通常由长期脱离社会、丧失生活热情的老年人组成。

由于社交能力不足，需要加入动机激发小组的老年人往往有退缩和逃避的倾向，缺乏加入小组和参与小组活动的动力。因此，老年社会工作者应与老年人建立良好的个人关系，在彼此熟悉的前提下鼓励老年人至少参与一次小组活动，使老年人从中获得乐趣，进而愿意继续参与小组活动。同时，老年社会工作者应更多地设计实践活动而非理论活动，如组织老年人动手做饭而非谈论如何做饭，以激发老年人的兴趣。

课堂互动

下列活动中，哪些活动适合动机激发小组，为什么？

（1）园艺活动，如插花、种植盆栽等。

（2）手工制作灯笼。

（3）“喜迎中秋，共度国庆”主题活动。

（4）交流分享会：如何照顾宠物。

（七）现实辨识小组活动

现实辨识小组通常由患有轻度到中度认知障碍的老年人组成。这类老年人能够意识到自己对时间、方位或他人的辨识能力下降，也能够通过环境中的一些提示改善认知功能。

在现实辨识小组活动中，老年社会工作者可将多种活动组合起来。例如，在活动开始之初，可引导老年人回答日期、季节、天气等方面的问题，鼓励老年人自主寻找环境中能够反映现实情况的线索和细节；在正式开展活动时，可组织老年人听音乐、看电影或做一些简单的益智游戏（如拼七巧板，见图 3-1）等，通过这些活动刺激老年人的感官，从而改善老年人的认知功能。

图 3-1　拼七巧板

（八）护老者小组活动

护老者小组通常由老年人家属或其他照料者（如养老护理员）组成。在护老者小组活动中，老年社会工作者可开展分享会、培训讲座等活动，以帮助组员了解老年人的需求，掌握助老知识，同时缓解组员的护老压力。

三、老年小组工作的功能

对组员来说，老年小组工作具有以下功能。

（一）获得希望

老年社会工作者可以通过开展小组活动向组员输入希望，协助社交能力较差、饱受消极情绪困扰、信心不足的组员找到问题所在，并为他们提供解决问题的方法，使组员能够宣泄消极情绪、习得有益经验，并重新建立自信心，找到生活的乐趣和意义。

（二）促进社会参与

通过参与小组活动，每一位组员都可以在小组中发挥自己的作用，如分享自己的经历、为其他组员提供建议、展示自己的才能等，并通过与他人的良性互动感受到参与小组活动的乐趣，从而增强社会参与的勇气。

（三）提高社交能力

老年小组活动互动性强，组员需要与老年社会工作者、其他组员进行互动，在互动过程中可以观察他人的表现，从而学习社交技巧。此外，组员还可以参与专门的社交能力培训活动，在活动中提高自己的社交能力。

（四）促进行为改变

老年社会工作者往往会为组员营造安全的、支持性的小组环境，组员在这种环境中会受

到潜移默化的影响，如感受到他人积极乐观的生活态度、观察到一些与自己不同的行为方式等，从而促进自身行为改变。同时，老年社会工作者也会对组员进行引导，促使其改变消极行为。

（五）增强归属感和认同感

组员在小组活动中分享生活经历，互相交换意见，并得到其他组员的回应与支持，这一过程能够让组员认识到某些问题并不是自己独有的。在老年小组工作进行到一定阶段时，组员的心理会发生变化，组员之间能够建立起更加和谐、友好的关系，对小组的归属感和认同感也会逐渐增强。

四、老年小组工作的原则

老年小组工作的原则一般包括民主原则、互助原则、增能原则和差别化原则，具体如下。

（一）民主原则

在开展老年小组工作的过程中，老年社会工作者应鼓励和引导组员自由、充分地参与小组决策和活动，并为组员营造有利于发表意见的氛围，从而发挥出每一位组员的潜在价值，促进共同问题的解决。

（二）互助原则

小组是临时的社会群体，基于组员的共同需求而存在。因此，老年社会工作者应引导组员彼此关注、积极互助，协助组员建立团结、友好的互助关系，从而为实现小组工作目标而共同努力。

（三）增能原则

老年社会工作者应通过带领组员参与小组活动帮助组员建立自信，提高能力，同时协助组员发挥自己的能力实现自助。在老年小组工作中坚持增能原则，不仅可以促进组员个人的成长和发展，还可以在一定程度上推动群体和社会的发展。

什么是增能原则

“目”浴阳光，“睛”彩一生

2023年5月25日，广州市番禺区东环街公共卫生委员会、东环街人口和计划生育办公室、东环街计生协联同社工站在江南社区星光老年之家开展长者增能小组活动。在本次活动中，广州市番禺区某医疗机构的主治医师担任活动导师。

在活动现场，老年社会工作者先带领老年人进行了“击鼓传花”热身游戏，使老年人在欢声笑语中相互认识。游戏结束后，老年社会工作者安排了互动问答环节，让老年人积极分享自己对白内障的认识和看法。之后，活动导师向老年人介绍了白内障的相关知识，如白内障的常见症状、形成原因等，并带领老年人分组观察眼部结构模型（见图 3-2），通过展示健康晶状体和病变晶状体的区别，让老年人能够直观地了解白内障的病变过程。

图 3-2　眼部结构模型

在活动的最后环节，老年社会工作者通过卡牌游戏与老年人一起回顾了此次活动的内容，并带领老年人做眼保健操，以维护眼部健康。参与该活动的戴奶奶表示：“我之前对白内障有恐惧心理，担心患上了就很难康复，但今天了解后发现白内障并没有我想象中那么可怕，我的心态变得从容了许多。”其他老年人也纷纷畅谈了自己的感受，活动在欢声笑语中结束。

（资料来源：《“目”浴阳光——长者增能小组第一节》，广州市社会工作协会官网，2023 年 5 月 25 日）

（四）差别化原则

在老年小组工作中，由于组员的身体状况、心理素质、理解能力等均存在差异，因此老年社会工作者应充分考虑每一位组员的独特性，根据其特点和需求有针对性地设计小组活动。例如，针对健康而活跃的老年人，老年社会工作者可以组织跳健身操、下围棋（见图 3-3）、唱歌等活动；针对患有一定程度认知障碍的老年人，老年社会工作者可以组织看电影、朗读诗歌等活动。

图 3-3　下围棋

任务实施

分析老年小组工作的内容和原则

【任务描述】

小张是某街道社工站的老年社会工作者，他经常通过调研了解辖区老年人的需求。近期，经过多次调研，小张了解到以下信息：

（1）A 小区现有老年人 150 人，其中很大一部分老年人面临着丧偶、无人照料等问题。社区工作人员告诉小张，这些老年人普遍情绪低落，平日里也不愿意出门。

（2）B 小区是一个教职工住宅区，其住户大多是附近某大学的退休教师。住户吴老师告诉小张，自从退休后，他经常和小区里的其他退休教师一起下棋，还会去社区茶室看书、聊天。吴老师觉得自己并没有老，还想尝试做更多有意义的事，所以希望有更多参与活动的机会。

（3）金奶奶居住在 C 小区，63 岁，没有子女，和丈夫梁爷爷一起居住。一个月前，梁爷爷不小心摔了一跤，导致右腿骨折，只能卧床休养，金奶奶独自担起了照料梁爷爷的重任。由于缺乏护理知识，金奶奶没有及时帮助梁爷爷翻身，很快梁爷爷就生了褥疮，这让金奶奶十分着急。了解到小区里还有其他住户也有类似的情况，金奶奶希望小张能够为大家提供学习老年人护理知识的机会。

请根据上述案例分析老年小组工作的内容和原则。

【任务要求】

（1）学生自由分组，每组 6～8 人，并选出一名小组长。

（2）小组成员从上述案例中选择一个案例，根据所学知识，就以下问题进行讨论：① 该案例中的老年群体面临什么问题？② 针对该案例中的老年群体，是否适合采用老年小组工作方法？③ 如果采用老年小组工作方法，应组建什么类型的老年小组，开展哪些小组活动？④ 在小组工作中，老年社会工作者应遵循哪些原则？

（3）小组长汇总、整理讨论结果，并在课堂上进行分享。

（4）主讲教师对各小组的表现进行点评。

任务二　熟悉老年小组工作的服务模式

任务导入

为了更有针对性地为老年人提供服务，老王同小李商量，希望她能够选择一种最合适的服务模式。但小李对老年小组工作的服务模式不太了解，于是她鼓起勇气向老王请教。

老王告诉她，自己组建该老年社交康乐小组是为了丰富老年人的生活，同时为老年人建立一个展示自我、相互交往的平台，从而使老年人能够保持积极向上的生活态度，享受晚年生活的乐趣。在选择服务模式时，应在理解不同服务模式的基础上，综合考虑老年小组工作的目标。听了老王的话，小李决定先深入了解老年小组工作的服务模式。

思考：

（1）老年小组工作的服务模式有哪些？

（2）如果你是小李，你会选择哪种服务模式，为什么？

在老年小组工作中，老年社会工作者针对不同的小组往往采用特定的服务模式，如互动模式、发展模式、社会目标模式、治疗模式等。

一、互动模式

（一）什么是互动模式

互动模式又称互惠模式，是基于组员、小组和社会环境之间的关系而建立的模式。该模式关注小组的自助功能，旨在通过组员的互动增强其社会功能，从而实现小组工作目标。

互动模式的理论假设如下：

（1）人与人之间、人与社会环境之间存在一种有机的、系统的相互依赖关系。

（2）每个人都有与他人互动、互惠并融入集体的动机和能力。

（3）小组是协调、发展个人社会功能的重要领域，组员可以通过互动发掘自身的潜能。

（二）互动模式的实施原则

在互动模式下，组员可以通过相互帮助完成特定的任务，从而提高其社会适应能力。老年社会工作者在这个过程中扮演着协调者和使能者的角色：一方面协调组员的互动关系，另一方面为组员提供资源和服务，引导小组自主发展，推动组员的改变。

具体来说，老年社会工作者在采用互动模式开展小组工作时，应遵循以下原则。

1. 开放性互动

老年社会工作者应运用刺激、质疑、示范、激励、提供咨询和组织开放性讨论等技巧来促进组员互动，以提高其互动频率和互动质量，使组员、小组和社会环境之间形成开放的、良性的互动关系。

2. 平等性互动

互动模式强调人与人之间的平等关系，这种平等关系既体现在组员和组员之间，也体现在老年社会工作者和组员之间。因此，老年社会工作者应促进组员之间相互理解、真诚沟通，以平等的方式进行互动，同时主动向组员说明自己在小组工作中扮演的角色，就双方的权利和义务达成共识，以平等的心态为组员提供帮助。

3. 面对面互动

老年社会工作者作为小组的协调者，应引导组员以面对面的方式进行互动，以明确各自的问题、需求等。同时，面对面互动可以促使组员主动思考和解决问题，发现小组的共同需求，并积极利用社会资源，推动小组工作目标的实现。

“银发团”让老年人乐享生活

为进一步丰富辖区老年人的生活，促进辖区老年人之间的情感交流，营造互关互

爱、互帮互助的社区氛围，湖北省咸宁市友益社会工作服务中心联合金叶社区新时代文明实践站组建了“银发团”老年人情感支持小组，并开展了一系列的小组活动。

1. 有缘来相会

第一场小组活动的主题是“有缘来相会”。首先，老年社会工作者进行自我介绍，并简要说明开展小组活动的意义。随后，老年社会工作者带领组员玩起姓名接龙游戏，使组员之间尽快熟悉。“我今年 64 岁，爱好是唱歌，我左边是钱大姐，今年 86 岁，爱好是散步。今天在场的人里，论年龄，她是老大，我是‘老幺’。”最后一个接龙的师奶奶一番话逗得大家哈哈大笑，活动现场气氛十分融洽。

最后，老年社会工作者带领组员进行“两人一笔画大象”游戏。组员两两一组，相互配合，你一笔我一画地合作画大象。在这个过程中，有些组员被自己的画逗得哈哈大笑，有些组员难以下笔，老年社会工作者则不停地鼓励组员大胆挑战。钱奶奶说：“我从来没画过画，今天虽然画得丑了点，但也算是完成了一次突破。”大家纷纷为钱奶奶的突破鼓掌。

2. 银发也快乐

在“银发也快乐”主题活动中，老年社会工作者引导组员说出自己近期的困扰，其他组员通过头脑风暴的方式提出解决方法。此外，老年社会工作者还组织大家开展“优点轰炸”游戏，挖掘每位组员的优点，肯定每位组员的特质。

（资料来源：《【五社联动】金叶社区：“银发团”老年人情感支持小组圆满完成》，搜狐网，2023 年 6 月 14 日）

二、发展模式

（一）什么是发展模式

发展模式以个人的发展为核心，关注如何挖掘老年人的潜力，从而恢复和发展老年人的社会功能。

发展模式的理论假设如下：

（1）个人具备强烈的自我意识，能够进行自我评价，促进自我实现。

（2）个人能够意识到他人的价值，评价他人，并与他人互动。

（3）个人能够意识到小组的情境，评估小组的情境，并在小组中采取行动。

（二）发展模式的实施原则

具体来说，老年社会工作者在采用发展模式开展小组工作时，应遵循以下原则。

1. 积极鼓励

老年社会工作者应鼓励组员积极参与小组活动，主动表达自己的困惑，分享自我发展的经验等，使组员之间形成积极的互助关系，推动组员和小组共同发展。

2. 加强引导

老年社会工作者应注重为组员提供成长与发展的机会，同时支持和引导组员通过各种活动相互关心、相互帮助和相互分享，以激发组员的潜能，从而提高组员寻求解决问题的方法、整合社会资源和促进自我发展的能力。

三、社会目标模式

（一）什么是社会目标模式

社会目标模式是指以增强组员的社会性为目标的模式。该模式关注老年人的社会参与和集体行动能力，鼓励老年人关心机构、社区或社会中与老年人权益和福利相关的问题和事件。采用社会目标模式，有助于老年人增强社会责任感和社会意识，并通过小组的力量实现社会目标，甚至推动社会变迁。

社会目标模式的理论假设如下：

（1）每个人都有能力与他人建立关系，应认同社会整体利益，以有意义的方式参与社会活动。

（2）小组是由有共同发展目标的组员组成的共同体，每个小组都能够通过集体行动的方式引起社会变化。

（3）机构是小组工作实践中不可缺少的部分，能够为组员的集体行动提供支持。

（二）社会目标模式的实施原则

具体来说，老年社会工作者在采用社会目标模式开展小组工作时，应遵循以下原则：

（1）以培养组员的社会责任感、实现社会整合、推动社会变迁为主要目标，通过互动激发组员的社会意识，使其能够主动承担社会责任。

（2）坚持民主原则，鼓励组员充分参与，积极引导组员就小组工作目标达成共识。

（3）注重培养小组领袖，激发他们推动社会变迁的意识，从而促进小组发展，增强小组凝聚力。

凝聚银龄力量，践行志愿服务理念

2024年4月12日，中共中央办公厅、国务院办公厅印发《关于健全新时代志愿服务体系的意见》，提出要大力发展党员志愿者、青年志愿者、巾帼志愿者、社区志愿者、职工志愿者、退役军人志愿者、学生志愿者、老年志愿者等队伍，鼓励他们以实际行动促进社会进步。

在这种背景下，成都市大邑县晋原街道岳江社区的老年社会工作者招募了一批低龄老年人，通过组建老年成长小组，鼓励组员参与社区活动和志愿活动，共同投身社会、回馈社会，在提高组员自助能力的同时，促进社区的和谐发展。

在小组形成初期，老年社会工作者带领组员参与破冰活动，引导组员相互认识和了解。随着组员之间关系的进一步发展，小组中出现了“领头羊”魏爷爷。魏爷爷幽默风趣、行动力强，还拥有丰富的志愿服务经验。在魏爷爷的带领下，组员们开展了一系列志愿服务。

在小组发展过程中，老年社会工作者通过理论与实践相结合的方式，让组员对志愿服务有了更深入的理解，实践能力也有了一定的提高。同时，积极的组员也发挥了引领作用，在志愿活动中很好地带动了前期表达较少的组员，使这些组员开始真正认同、内化志愿服务理念，并在志愿活动中充分发挥了个人的才能。

在小组成熟期，组员更加坚定和自信，明确了自己的志愿服务目标，并与其他组员形成了支持网络，实现了互助。最重要的是，他们不仅积极投身志愿服务，更希望将志愿服务理念传递给身边的人，并带领身边的人一起参与志愿服务和社区治理。

（资料来源：黄颖，《“老年人成长小组”如何开展？｜社工案例计划》，社工客微信公众号，2022 年 8 月 14 日）

四、治疗模式

（一）什么是治疗模式

治疗模式以个人治疗为核心，旨在改变个人的社会行为，解决个人的社会问题。

治疗模式的理论假设如下：

（1）老年社会工作者的行动可以影响小组的发展进程。

（2）老年社会工作者的知识水平是诊断和治疗组员的关键。

（3）个人的社会问题可以通过小组工作得到诊断和治疗，且个人能够在小组中习得适应社会生活的经验，促进自我成长和发展。

（二）治疗模式的实施原则

具体来说，老年社会工作者在采用治疗模式开展小组工作时，应遵循以下原则。

1. 综合性原则

治疗模式综合运用了精神病学、心理学、社会学等多种学科的理论知识和实务技巧，涉及大量心理治疗方法，如园艺疗法、游戏疗法、音乐疗法（见图 3-4）等。在采用该模式时，老年社会工作者应从各学科的角度综合考虑，以明确治疗的方向，设计特定的老年小组治疗计划并控制小组的发展进程。

图 3-4　音乐疗法

2. 建构性原则

老年社会工作者应建构小组规范和价值体系，并与老年人建立有效的治疗关系。只有这样，才能进一步利用自己所掌握的理论知识和实务技巧，为小组设计合理的、有针对性的小组活动。

3. 个别性与共同性相结合原则

老年社会工作者一方面应尊重老年人的个体差异，为老年人制订个别性的治疗计划；另一方面应寻找小组的共同目标，制订整体性的小组治疗计划。在这个过程中，老年社会工作者应注意保持个人治疗目标与小组共同目标的一致性。

课堂互动

请判断在下列案例中，老年社会工作者小胡分别采用了哪种服务模式？

(1) 某社区部分老年人对社区建设漠不关心，为了培养老年人的社区责任感，促进老年人社会参与，小胡开展了以“社区家园，共建共享”为主题的小组活动。

(2) 小胡组建了一个由老年癌症患者家属组成的小组，旨在搭建沟通平台，使组员能够更好地交流经验、分享感受，以便更好地照顾患者。

(3) 小胡为退休老年人组建了老年支持小组，旨在协助组员适应角色变化，并融入社会。在小组活动中，小胡带领组员分析了各自的兴趣爱好、能力等，激发了组员的主观能动性，同时鼓励组员相互支持，合理规划晚年生活。

任务实施

为老年小组选择合适的服务模式

【任务描述】

经社工站同意，小张决定为本项目任务一任务实施中的老年群体提供小组服务，请为他们选择合适的服务模式。

【任务要求】

（1）学生按照本项目任务一任务实施中的分组情况进行分组。

（2）各小组根据本小组选定的老年群体的具体情况，为该老年群体选择合适的服务模式，并就以下问题进行讨论：① 为什么选择该服务模式？② 在采用该服务模式时，应坚持哪些实施原则？

（3）小组长汇总、整理讨论结果，并在课堂上进行分享。

（4）主讲教师对各小组的表现进行点评。

任务三　掌握老年小组工作的基本流程

任务导入

小李在查阅相关资料后，和老王一起确定了老年小组工作的服务模式。同时，她还认真地梳理了老年小组工作的基本流程，决定先招募老年小组组员，再评估该老年社交康乐小组的需求。随后，她找来老王收集的问卷资料和访谈资料，对资料进行了整理和分析，并对组员进行了详细的采访，基本确定了问题所在。

在了解了老年人的问题和需求后，老王和小李进一步明确了小组工作目标，并据此制订了详细的工作计划。工作计划的内容包括小组的基本信息、开展小组工作的背景、小组活动大纲、财务预算等。

看着全面而细致的工作计划，小李感到很满意。老王也表示，接下来只要按照流程开展工作，就一定会顺利地实现小组工作目标。

思考：

（1）老年小组工作的基本流程是什么？

（2）如何制订小组工作计划？

（3）小组工作计划应包括哪些内容？

老年小组工作是一个动态过程，其基本流程包括准备阶段、实施阶段和结束阶段。

一、准备阶段

在准备阶段，老年社会工作者应做好招募老年小组组员、评估老年小组需求、确定老年小组工作目标、制订老年小组工作计划、筹备相关资源等工作，为实施阶段做好充足的准备。

（一）招募老年小组组员

1. 招募组员

老年社会工作者可采用以下方法招募老年小组组员：

（1）加强宣传，使潜在服务对象得知信息后主动报名。主要宣传方式如下：① 利用电视、广播、互联网、报纸、杂志等大众传播媒介进行宣传；② 在机构、社区等地拉横幅、张贴海报或公告；③ 在人流量较大的地方设置宣传咨询点，并安排宣传人员进行口头宣传、散发宣传单；等等。

（2）通过电话访谈、面谈等方式主动联系某些特定对象，如主动寻求帮助的老年人、本机构曾经服务过的老年人等，向他们介绍小组活动的内容、参与小组活动的好处、从前举办类似小组活动的成功经验等，以吸引其加入小组。

小贴士

无论通过哪种方法招募组员，老年社会工作者都应向招募对象说明小组名称、小组类型、小组工作目标、参与小组活动所需费用及其他相关费用、负责机构的名称和联系方式、小组工作者的姓名和背景等个人资料，以及其他相关注意事项。

2. 确定组员

老年社会工作者应从以下几个方面对招募对象进行筛选，以确定最终的组员：① 是否存在共同或相似的问题，或者有共同的兴趣爱好和期望；② 文化程度是否相当，或者对某些问题的认识是否一致；③ 是否认同小组工作目标；④ 是否具备参与小组活动的能力；⑤ 能否在小组活动中真正受益。

在确定组员后，老年社会工作者应帮助这些组员了解小组工作的意义和基本流程、可能开展的小组活动、有关的社会政策等，并鼓励他们积极表达自己对小组工作的期望，为制订小组工作计划提供参考。

小贴士

最终确定的组员人数不宜过多，以保证每位组员都能参与活动，并且在活动中受到同样的关注。

（二）评估老年小组需求

老年小组是一个较为复杂的群体，其需求具有多样性和可变性。因此，老年社会工作者不仅应关注老年人本身的需求，如身体健康需求、个人发展需求等，还应关注老年人对服务场地的需求，如地理位置需求、基础设施需求等。同时，随着老年小组工作的深入，老年人

的需求可能会发生变化，老年社会工作者应持续、动态地进行评估，并根据评估结果及时更新老年小组的需求状况。

（三）确定老年小组工作目标

老年小组工作目标包括总目标和具体目标。总目标是由小组类型和组员需求决定的，具体目标则是围绕总目标确定的，包括沟通目标、过程目标、实质目标和需求目标。其中，沟通目标的重点是组员之间相互沟通，通过自我剖析和经验分享实现相互理解、相互接纳；过程目标可细化为小组在不同发展阶段的目标，是不同阶段任务的具体化；实质目标是指小组能够解决的问题及其范围，在一定程度上限定了小组工作的内容；需求目标是针对每一位组员的具体需求而确定的目标。

在确定老年小组工作目标时，老年社会工作者应注意以下几点：

（1）目标应具体、明确，以便组员明确该做什么、不该做什么。

（2）目标应实际可行，符合老年社会工作者的能力、组员的实际情况、内外部环境的情况等。

（3）目标应有弹性，可以根据小组的发展而不断修正。

（4）目标应有时限性，以便组员清楚在什么时间要实现什么目标。

（5）具体目标应相容，不能相互冲突。

课堂互动

老年社会工作者小李计划组织老年小组开展手工制作月饼的活动，并确定了这次活动的总目标和具体目标。其中，具体目标如下：

（1）以小组活动为切入点，为组员搭建社交和学习平台，满足老年人的多样化需求。

（2）帮助老年人了解月饼的制作方法。

（3）使老年人能够独立制作月饼，增强老年人的自我价值感。

（4）使老年人乐于与他人交流、分享经验，并且至少认识 1 位朋友。

请问：你认为这些具体目标是否合理，为什么？

（四）制订老年小组工作计划

老年社会工作者应根据老年小组工作目标制订切实可行的工作计划。老年小组工作计划通常以小组工作计划书的形式呈现，其内容包括小组的基本信息（如时间、地点、小组类型等）、开展小组工作的背景、小组工作的理论依据、小组工作目标、招募方法、各单元（节）小组活动大纲、预计困难与解决方法、小组评估和财务预算等，如表 3-1 所示。

表 3-1　小组工作计划书

<table>
<tr><td rowspan="5">基本信息</td><td>小组名称</td><td colspan="2"></td><td colspan="2">编号</td><td></td></tr>
<tr><td>服务对象</td><td colspan="2"></td><td colspan="2">服务人数</td><td></td></tr>
<tr><td>日期/时间</td><td colspan="2"></td><td colspan="2">地点</td><td></td></tr>
<tr><td>小组类型</td><td colspan="5"></td></tr>
<tr><td>人员安排</td><td colspan="2"></td><td colspan="2">单元（节）数</td><td>共____单元（节）</td></tr>
<tr><td>背景</td><td colspan="6">1. 需求评估
2. 问题分析
3. 政策依据
4. 服务方向</td></tr>
<tr><td>理论依据</td><td colspan="6">（阐述在小组工作中运用了什么理论，以及该理论在小组工作中是如何发挥作用的）</td></tr>
<tr><td>小组工作目标</td><td colspan="6"></td></tr>
<tr><td>招募方法</td><td colspan="6"></td></tr>
<tr><td rowspan="5">各单元（节）小组活动大纲</td><td>单元（节次）</td><td>单元（节）名称</td><td>单元（节）目标</td><td>主要活动内容</td><td>时间</td><td>人员</td></tr>
<tr><td>1</td><td></td><td></td><td></td><td></td><td></td></tr>
<tr><td>2</td><td></td><td></td><td></td><td></td><td></td></tr>
<tr><td>3</td><td></td><td></td><td></td><td></td><td></td></tr>
<tr><td>⋮</td><td></td><td></td><td></td><td></td><td></td></tr>
<tr><td>预计困难与解决方法</td><td colspan="6"></td></tr>
<tr><td>小组评估</td><td colspan="6">（包括评估主体、评估对象、评估内容、评估方式等）</td></tr>
<tr><td rowspan="6">财务预算（元）</td><td>序号</td><td>项目</td><td>单价</td><td>数量</td><td>小计</td><td>经费来源</td></tr>
<tr><td>1</td><td></td><td></td><td></td><td></td><td></td></tr>
<tr><td>2</td><td></td><td></td><td></td><td></td><td></td></tr>
<tr><td>3</td><td></td><td></td><td></td><td></td><td></td></tr>
<tr><td>⋮</td><td></td><td></td><td></td><td></td><td></td></tr>
<tr><td colspan="2">申请经费总计</td><td></td><td colspan="3">备注：在“经费来源”栏请填写相应代码：
A. 机构；B. 其他（请说明）</td></tr>
<tr><td rowspan="3">审批签署</td><td colspan="2">老年社会工作者（签名）</td><td></td><td>日期</td><td colspan="2"></td></tr>
<tr><td colspan="2">督导者（签名）</td><td></td><td>日期</td><td colspan="2"></td></tr>
<tr><td colspan="2">项目负责人（签名）</td><td></td><td>日期</td><td colspan="2"></td></tr>
</table>

经典案例

老年人健康教育小组活动大纲

为了帮助老年人提高健康素养和生活质量，老年社会工作者小马组建了一个老年人健康教育小组，并制订了详细的小组工作计划。其中，小组活动大纲如表 3-2 所示。

表 3-2　老年人健康教育小组活动大纲

节次	节次名称	节次目标	主要活动内容	时间	人员
1	开心见面会	使组员初步了解本次小组活动，并相互认识	（1）介绍小组名称、活动目标和活动内容 （2）引导组员进行自我介绍 （3）破冰活动：传球 （4）与组员共同制定小组契约 （5）回顾本次活动的内容，邀请组员回答问题	40 分钟	小马
2	健康手指操	使组员的手和脑更加协调	（1）邀请组员朗读小组契约的内容 （2）热身游戏：抢水瓶 （3）带领组员学习健康手指操 （4）回顾本次活动的内容	40 分钟	小马
3	膳食知识讲座	使组员认识到科学膳食的重要性	（1）介绍本次活动的内容 （2）热身游戏：食物对对碰 （3）讲解生命健康、科学膳食与营养健康的相关知识 （4）组织组员讨论，并邀请组员分享感受	1 小时	市营养学会的营养师
4	健康动动手——穴位按摩	帮助组员掌握穴位按摩的知识	（1）回顾上一次活动的内容 （2）带领组员学习 6 个穴位按摩的动作，向组员讲解穴位按摩的作用 （3）邀请组员回答问题，对无法回答的组员进行耐心解答 （4）组织组员讨论，并邀请组员分享感受	1 小时	社区医院的中医专家
5	养生小诀窍	使组员了解养生小知识	（1）回顾上一次活动的内容 （2）讲解冬季健康小知识，如冬季的饮食禁忌、运动禁忌等 （3）邀请组员回答问题，针对组员无法回答的问题进行耐心解答 （4）组织组员讨论，并邀请组员分享感受	1 小时	小马
⋮					

（五）筹备相关资源

开展老年小组工作需要资金、活动场地和人力等资源，因此老年社会工作者应向自己所在机构提出申请，并递交工作计划，以获得资源支持。此外，老年社会工作者也可以向社区或赞助机构争取资源支持。

需要注意的是，老年社会工作者应尽量选择安全、安静、舒适的活动场地，为组员创造良好的互动环境。例如，若在社区中开展小组活动，则可选择社区养老服务中心活动室（见图 3-5）作为活动场地。在活动开始之前，老年社会工作者应对活动场地进行全面检查，确保活动场地足够安全且设施设备完好。

图 3-5　社区养老服务中心活动室

老年小组活动场地的安全检查指南

二、实施阶段

实施阶段是小组不断发展的过程，也是小组工作目标实现的过程。在这一阶段，老年社会工作者应重视小组发展的规律，积极开展小组活动、处理小组冲突，并根据小组情况不断调整活动内容，正确引导小组从形成期走向成熟期。

（一）小组形成期

在小组形成期，组员之间、组员与老年社会工作者之间尚未建立稳固的关系，组员容易出现困惑、焦虑等情绪。为帮助组员建立信任关系，并促进小组形成，老年社会工作者应做好以下工作。

1．协助组员相互认识

在小组形成期，组员通常互不认识，行为相对拘谨，这种情况不利于小组活动的开展。为了帮助组员相互认识，拉近组员之间的关系，老年社会工作者可以根据小组的类型和组员的特点设计一些有创意的、轻松的破冰活动。例如，在“趣享银龄，乐享时光”老年社交康乐小组活动中，老年社会工作者组织组员进行了“拍拿放”“击鼓传花”等小游戏。

在设计破冰活动时应注意以下几点：① 符合组员的兴趣，以吸引组员积极参与；② 以过程为导向而不是以结果为导向；③ 确保所有组员都能够受到公平的对待。

小贴士

破冰活动一般用于打破初次活动的僵局。在实际工作中，老年社会工作者应控制开展破冰活动的频率，不应过度开展破冰活动，否则会让组员感到不适。

2. 澄清小组工作目标和组员目标

虽然在决定参与小组活动之前，组员对小组工作目标已有初步认识，但这种认识是抽象的、模糊的。此外，组员对小组活动的期待也各不相同。因此，老年社会工作者应在小组形成期对小组工作目标进行说明，帮助组员做好心理准备；还应将小组工作目标细化，使每位组员都清楚自己在每个阶段的目标。

3. 建立相互信任的关系

在小组形成期，组员往往倾向于保护自己，对老年社会工作者和其他组员仍有不信任感，因此对是否主动分享自己的经历等感到迟疑。针对这种情况，老年社会工作者应致力于营造良好的小组氛围，帮助组员建立相互信任的关系，具体工作如下：

（1）主动与组员沟通，站在组员的角度考虑问题，倾听组员的问题，并真诚地做出回应。

（2）为组员创造表达自己的机会，使组员之间能够平等交流。

（3）鼓励组员分享自己的经验或兴趣爱好，帮助组员发现彼此之间的相似之处，以增强小组凝聚力。

4. 制定小组规范和小组契约

小组规范是老年社会工作者和组员一起制定的，用来管理和协调组员行为的准则。老年社会工作者可以通过以下两种途径制定小组规范：一是根据小组工作目标或组员的期望制定；二是直接使用现成的规范，通过明确的陈述或示范使其被组员接受。

小组契约是老年社会工作者与组员协商通过，且每一位组员都愿意遵守的一种约定，其内容包括小组活动的时间、参与小组活动的注意事项、有关保密的规定等。小组契约既可以采用书面形式，也可以采用口头承诺的形式。

小组契约示例

作为小组的一员，我愿意遵守以下约定：

(1) 定期参与小组活动，每周_____次，每次_____个小时，地点在____________。

(2) 遵守活动时间，不迟到，不早退，有特殊情况无法参与活动时向组织者请假。

(3) 每位组员的经历、观念都是独特的，我们要彼此尊重，互相信任，共同成长。

(4) 我们按照姓氏拼音先后顺序轮流担任活动主持人，无特殊原因不得推诿。

(5) 在小组活动中诚实地表达对其他组员的看法和感受。

(6) 保守秘密，不向他人谈及小组内所述之事，保护每位组员的隐私。

(7) 如果我想退出小组，我同意在小组活动中正式向大家告别。

……

组员签字：

日期：

5．协助组员初步建立归属感

归属感是组员在心理上产生的对小组的认同、满意和依恋，归属感的强弱决定了组员对小组的认可程度和对小组工作目标、小组规范的接纳程度。因此，老年社会工作者应以开放包容的心态与组员平等交流，以消除组员的不信任感，使组员能够在心理上将自己视作小组的一分子。

6．填写小组工作过程记录表

老年社会工作者应将工作过程以表格的形式（见表 3-3）记录下来，以了解组员的表现和小组工作目标的实现情况，为后续工作提供参考。

表 3-3　小组工作过程记录表

<table>
<tr><td rowspan="5">基本信息</td><td>小组名称</td><td></td><td>编号</td><td></td></tr>
<tr><td>日期/时间</td><td></td><td>地点</td><td></td></tr>
<tr><td>老年社会工作者姓名</td><td></td><td>协助人员</td><td></td></tr>
<tr><td>出席人数</td><td></td><td>单元（节）数</td><td>第____单元（节）</td></tr>
<tr><td>小组类型</td><td colspan="3"></td></tr>
<tr><td rowspan="5">过程记录</td><td>时间段及环节</td><td colspan="2">目标</td><td>过程分析</td></tr>
<tr><td></td><td colspan="2"></td><td></td></tr>
<tr><td></td><td colspan="2"></td><td></td></tr>
<tr><td></td><td colspan="2"></td><td></td></tr>
<tr><td></td><td colspan="2"></td><td></td></tr>
<tr><td>组员反馈</td><td colspan="4">（可采用问卷等多种形式）</td></tr>
<tr><td>小组分析</td><td colspan="4">（包括小组沟通模式、气氛、规范、凝聚力、组员领导模式、决策、冲突等；小组活动内容、方式等；组员的参与度、投入度和其他表现等；工作人员的态度、投入度和专业性等）</td></tr>
<tr><td>目标实现情况</td><td colspan="4"></td></tr>
<tr><td>工作反思</td><td colspan="4">（可从价值观、理论、技巧等方面进行反思）</td></tr>
<tr><td>下单元（节）跟进</td><td colspan="4">[在下一单元（节）中需要发扬或利用哪些优势，注意解决或跟进哪些问题，以及在价值观、理论、技巧、活动内容等方面做出哪些调整；如果是最后一单元（节），此部分可省略]</td></tr>
<tr><td>督导意见</td><td colspan="4"></td></tr>
<tr><td rowspan="2">签名</td><td>老年社会工作者（签名）</td><td></td><td>日期</td><td></td></tr>
<tr><td>督导者（签名）</td><td></td><td>日期</td><td></td></tr>
</table>

（二）小组转折期

在小组转折期，小组规范已经形成，组员对小组已有初步的归属感，组员之间的关系也更加紧密，但组员之间开始出现各种矛盾，小组的问题也逐渐显现。因此，老年社会工作者应做好以下工作，以促进小组良性发展。

1. 关注特殊组员

随着小组工作的开展，老年社会工作者会发现各种特殊组员，如不投入的组员、沉默的组员、有攻击性的组员、表达困难的组员等。老年社会工作者应密切关注这些特殊组员，运用恰当的技巧和策略帮助他们改进。例如，针对表达困难的组员，老年社会工作者可以主动了解他们表达困难的原因，同时帮助他们认真体会自己的感受并将其勇敢地表达出来，在反复的训练中锻炼他们的表达能力。

2. 处理防卫、抗拒行为

在小组活动中，有些组员既想表达自己又担心不被接纳，处于挣扎和焦虑之中，由此出现转移话题、沉默寡言、缺席等情况；还有些组员由于移情和投射等重新体验到以往的情感冲突，由此出现分享流于表面，或使用概括性的语言来表达等情况。这些都是组员防卫和抗拒的表现，不利于组员目标的实现。

老年社会工作者应为组员营造开放的小组氛围，使组员认识到在小组活动中可以充分表达自己的感受，并引导组员认清自己在小组中扮演的角色，从而使他们能够克服恐惧和焦虑心理，减少防卫、抗拒行为。

3. 协调和处理冲突

出现小组冲突的原因主要有以下两种：一是随着组员之间日益熟悉，一些组员倾向于更真实地表达自己的不同意见，甚至出现批评和指责其他组员的行为；二是随着自我意识的增强，一些组员希望在小组中争取更高的位置，因此在竞争中出现攻击性的语言和行为。

老年社会工作者应保持包容、冷静和理性的态度，正确协调和处理小组冲突，并协助组员将冲突转化为成长的经验，具体工作如下：

（1）帮助组员澄清冲突的本质，增进组员对自我的理解。例如，采用角色扮演的方法，复制或重现类似的情景，使组员能够体会他人的处境，加深对冲突的认识，从而更深刻地认识自己。

（2）协助组员面对和缓解冲突带来的紧张情绪，并引导组员处理紧张的人际关系。

（3）结合组员的实际情况重新调整小组规范和小组契约。

课堂互动

陶奶奶平时沉默寡言，很少与人交流。一天，陶奶奶在参与小组活动时，同往常一样未发表自己的意见，这引起了另一位组员谢爷爷的不满。谢爷爷表示，陶奶奶每次参与小组活动都不说话，导致气氛尴尬。陶奶奶觉得很委屈，但又无法反驳。

如果你是负责该小组的老年社会工作者，你会如何处理这种情况？请与同学进行简单的情景模拟。

4. 进一步促进小组动力的形成

组员经过处理防卫、抗拒行为和冲突的过程后，在一定程度上会提高自我管理、自我决

策的能力。此时，老年社会工作者应以各种方式加深组员对小组工作目标的认识，引导、鼓励组员担负起重新构建小组的责任，以增强小组发展的动力。

在该时期，老年社会工作者不再以扮演领导者和决策者为主，而是更多地扮演着协调者和引导者的角色。

（三）小组成熟期

在小组成熟期，小组内部已经形成了和谐、融洽的氛围，小组活动顺利开展，组员更愿意接纳他人，彼此之间相互合作、相互支持、相互肯定。在这一时期，老年社会工作者应做好以下工作。

1. 协助组员维持小组的良好互动

小组经过形成期和转折期的探索和突破后，通常会形成一套良好的互动模式，这种互动模式可以帮助小组充分发挥其功能，并产生正向效果。老年社会工作者应协助组员维持这种互动模式，使组员之间的互动更加高效。

2. 协助组员从小组经验中重建认知

通过参与小组活动，组员能够进一步自我表露和自我探索，获得更深刻的自我认知。同时，通过其他组员的反馈，组员能够反思自己，更客观、全面地认识自己。老年社会工作者应协助组员从上述经验中总结自己的问题及其形成原因，鼓励组员主动寻求解决问题的方法，并在探索中重建对自己、自己与环境关系的认知。

3. 协助组员把认知转化为行动

在组员重建认知后，老年社会工作者应协助组员将认知转化为具体的行动，具体应做好以下两点：① 帮助组员意识到每个人都必须对自己的生活负责；② 鼓励和支持组员不断尝试新方法，并不断强化自己的行为，为应对新的挑战做好准备。

4. 协助组员解决问题

小组成熟期是解决组员问题的良好时机。在该时期，组员之间相互合作、相互支持的意愿十分强烈，且组员具备发现问题、解决问题的意识，认知能力也有所增强。因此，老年社会工作者应鼓励组员互助互惠，通过分析和协商帮助组员澄清其面临的问题，并与组员一起探索解决问题的方法，同时做好资源链接工作，为组员自己解决问题提供条件。

5. 引导组员实现目标

老年小组工作的最终目标就是帮助组员实现目标。在小组成熟期，组员面对问题时能够提出行之有效的方案并采取行动。此时，老年社会工作者应促使组员充分发挥自身的能力，并引导他们实现目标。

三、结束阶段

在结束阶段，老年社会工作者应对老年小组工作进行评估，协助组员顺利结束小组工作。

（一）进行小组工作评估

在结束阶段，老年社会工作者应采用问卷法、量表法、访谈法等方法对老年小组工作进行全面、客观的评估，并结合小组工作计划书、小组工作过程记录表等资料，填写小组工作评估总结报告。

小组工作评估总结报告的内容一般包括基本信息、出席情况、目标实现情况、参与者满意度分析、小组分析、工作反思、跟进计划、财务报告、督导意见等，如表 3-4 所示。

表 3-4 小组工作评估总结报告

<table>
<tr><td rowspan="5">基本信息</td><td>小组名称</td><td colspan="3"></td><td colspan="5">编号</td><td colspan="3"></td></tr>
<tr><td>服务对象</td><td colspan="3"></td><td colspan="5">服务人数</td><td colspan="3"></td></tr>
<tr><td>地点</td><td colspan="3"></td><td colspan="5">老年社会工作者姓名</td><td colspan="3"></td></tr>
<tr><td>时间</td><td colspan="3"></td><td colspan="5">单元（节）数</td><td colspan="3">共____单元（节）</td></tr>
<tr><td>小组类型</td><td colspan="11"></td></tr>
<tr><td rowspan="3">出席情况</td><td>单元（节）数</td><td>1</td><td>2</td><td>3</td><td>4</td><td>5</td><td>6</td><td>7</td><td>8</td><td>9</td><td>……</td><td>平均值</td></tr>
<tr><td>出席人数</td><td></td><td></td><td></td><td></td><td></td><td></td><td></td><td></td><td></td><td></td><td></td></tr>
<tr><td>出席率</td><td></td><td></td><td></td><td></td><td></td><td></td><td></td><td></td><td></td><td></td><td></td></tr>
<tr><td>目标实现情况</td><td colspan="12"></td></tr>
<tr><td>参与者满意度分析</td><td colspan="12">（请根据小组满意度调查表总结参与者满意度，包括对活动内容、形式、时间、频次、地点、工作人员的态度和能力、自我参与度等的满意度）</td></tr>
<tr><td>小组分析</td><td colspan="12">（包括小组沟通模式、气氛、规范、凝聚力，组员领导模式、决策、冲突等；小组活动内容、方式等；组员的参与度、投入度和其他表现等；工作人员的态度、投入度和专业性等；工作人员或小组所在机构的人、财、物的投入等）</td></tr>
<tr><td>其他建议</td><td colspan="12">（如筹备策划、人员分工、资源整合与科学合理使用、专业性、本土化、知识建构、内容涉及或其他方面的建议）</td></tr>
<tr><td>工作反思</td><td colspan="12">（可从价值观、知识、技巧等方面进行反思）</td></tr>
</table>

续表

<table>
<tr><td>跟进计划</td><td colspan="4">（追踪评估计划）</td></tr>
<tr><td>财务报告</td><td colspan="4">预算经费总计：＿＿＿＿＿元
使用经费总计：＿＿＿＿＿元
盈余或超支总计：＿＿＿＿＿元
（附经费决算明细表）</td></tr>
<tr><td>督导意见</td><td colspan="4"></td></tr>
<tr><td rowspan="3">结束签署</td><td>老年社会工作者（签名）</td><td></td><td>日期</td><td></td></tr>
<tr><td>督导者（签名）</td><td></td><td>日期</td><td></td></tr>
<tr><td>中心/项目负责人（签名）</td><td></td><td>日期</td><td></td></tr>
<tr><td colspan="5">注：请将评估工具（如评估问卷、评估量表、访谈提纲等）附后</td></tr>
</table>

（二）结束小组工作

在结束小组工作时，老年社会工作者应做好以下工作。

1. 协助组员巩固小组经验

老年社会工作者应协助组员回顾在小组中的经历，总结组员在小组中的收获和成长，并帮助组员强化已习得的有益经验。在实际工作中，老年社会工作者可采用以下方法：

（1）模拟练习。设定一些现实生活中的情景，让组员练习他们在小组工作中学习到的行为规范。

（2）树立信心。观察组员的变化，对其予以肯定和鼓励，使组员能够对离开小组以后的生活充满信心。

（3）寻求支持。帮助组员寻求家属、社区工作人员及周围其他人的支持，使组员能够维持已有的变化。

（4）鼓励独立。鼓励组员独立地解决问题，逐步降低组员对小组的依赖。

2. 缓解组员的离别情绪

经过小组工作的前几个阶段，组员之间已建立起密切的人际关系。面临分离，组员会产生一系列复杂的情绪，甚至产生悲伤和失落感，部分组员可能会对将来无法再次建立起相互接纳、相互信任的社会关系而感到担忧。此时，为了缓解好组员的离别情绪，帮助他们认识到离开小组、融入现实生活的必要性，老年社会工作者应做好以下工作：

（1）提前告知组员小组工作结束的日期，让组员做好心理准备，并逐渐接受小组工作结束的事实。

（2）真诚地分享自己面对离别的感受和经验，引导组员认识到离别并非易事，人们在面对离别时产生复杂的情绪是正常的，不必过度焦虑。

（3）引导组员分享个人的感受，鼓励组员将即将离别的感受与小组经验相联系，帮助组员认识到小组经验对今后生活的意义和价值。

（4）认真组织最后一次小组活动，如欢送会、毕业典礼等，营造轻松、愉快的氛围。

小唐是某养老院的一名老年社会工作者。一个月前，他与同事组建了一个老年小组，帮助存在适应问题的老年人逐渐适应了养老院的生活，并形成了积极的生活态度。近期，小唐与同事打算组织最后一次小组活动，并结束小组工作。

请问：如果你是小唐，你会组织什么样的活动？为什么？

3. 处理遗留问题

老年社会工作者应对遗留问题进行总结，并针对应完成而未完成的任务做好规划和安排，尽量在剩余时间里做到效率最大化。如果因时间紧急而无法完成所有任务，老年社会工作者应对剩余任务进行确认，并按照轻重缓急将任务分类，优先完成最重要、最紧急的任务。

4. 安排跟进工作

为了进一步评估小组工作的成效，督促老年人继续成长和发展，老年社会工作者应安排追踪探访、聚会等跟进工作。跟进工作通常安排在小组工作结束后的两个月、三个月或半年。

任务实施

模拟老年小组工作的基本流程

【任务描述】

请为本项目任务二任务实施中的老年小组工作设计服务流程，并以小组为单位进行情景模拟。

【任务要求】

（1）学生按照本项目任务一任务实施中的分组情况进行分组。

（2）各小组根据本小组选定的老年小组的具体情况，为该老年小组工作设计服务流程。注意：服务流程要完整，应包括准备、实施和结束三个阶段。

（3）小组长进行任务分工，小组成员分别扮演组员、老年社会工作者及其他相关人员，并在课堂上模拟上述服务流程。各小组的模拟时间不超过 20 分钟。

（4）小组长将本小组的模拟过程录制下来，并将视频提交给主讲教师。

任务四　熟悉老年小组工作的技巧

任务导入

在老王和小李的共同努力下，老年社交康乐小组初步组建完成。为了帮助组员相互认识，小李组织了第一次小组活动，活动地点在A社区养老服务中心的多媒体教室。

在活动开始之前，小李在教室里摆上了几株绿植，在墙上挂满了从前组织老年小组活动的照片，将座椅摆放成口形，并在每个座椅上放上了柔软的坐垫。整个教室看起来十分温馨。

老年人到齐落座后，小李进行了自我介绍，并说明了此次活动的目标。为了活跃气氛，缓解老年人的紧张情绪，小李组织大家采用“名字接龙”的方式介绍自己的姓名。很快，老年人就沉浸在接龙游戏中，教室里充满了欢声笑语。

随后，小李带领老年人开展“乐享生活”主题活动，鼓励老年人踊跃发言，分享生活中的趣事。在这个过程中，小李一边倾听，一边观察老年人的不同反应。当发现有些老年人出现困惑的神情时，她及时通过解释或询问的方式帮助老年人相互理解；当发现有些老年人较为沉默时，她耐心地鼓励其参与其中……最后，小李对老年人发言的内容进行了梳理和总结，并引导老年人分享参与活动的感受，在愉快的氛围中结束了此次小组活动。

思考：

（1）在活动开始之前，小李为什么要布置教室？

（2）在活动开始之后，小李运用了哪些老年小组工作的技巧？

一、沟通技巧

沟通是小组工作得以进行的重要动力，也是组员互动的基础。良好的沟通有利于减少小组内部的冲突、增强小组的凝聚力，使组员之间形成和谐的关系，推动小组工作目标的实现。在开展老年小组工作时，老年社会工作者应合理运用与组员沟通的技巧和促进组员之间沟通的技巧。

（一）与组员沟通的技巧

1. 营造良好的沟通氛围

在小组工作前期，老年社会工作者应为组员营造出轻松、自由、开放的沟通氛围，使组员逐渐消除防备心理，以更平和的心态与老年社会工作者沟通。

2. 积极倾听

在小组工作中，老年社会工作者在倾听时应抓住每位组员所说的重点，尤其是一些没有预料到的信息，避免混淆和遗漏。

此外，由于老年社会工作者与组员并非一对一的工作关系，为了更全面地掌握组员的参与状态，及时把控活动效果，老年社会工作者可以一边倾听，一边观察。例如，当某位组员发言时，老年社会工作者可以平视发言者的眼睛，并不时地扫视其他组员。这样不仅能够收集发言者与其他组员的副语言信息，也能够使发言者的注意力逐渐转向其他组员，形成较为开放的沟通氛围。

在各组员发言后，老年社会工作者应认真体会发言者的感受，并积极回应，如提出建议或复述发言者所述内容，使发言者感到被重视和被理解。

3. 适当自我披露

在老年小组工作中，老年社会工作者适当进行自我披露是一种真诚的表现，有利于构建与组员之间的信任关系，使组员在老年社会工作者的影响下坦诚地谈论自己的问题和需求。

4. 对信息进行磋商

老年社会工作者在与组员沟通时，如果无法准确理解其发言的具体含义，可以与发言者进行磋商，直至双方达成共识。在磋商时，老年社会工作者应保持耐心，可以针对有分歧的信息直接提出质疑，也可以引导发言者做进一步解释。

5. 协助组员梳理发言内容

在组员发言后，老年社会工作者应协助组员梳理其发言内容，将其未察觉到的一些有关联的信息串联起来，使发言者所述内容更有条理，从而提高发言者的表达能力。

（二）促进组员之间沟通的技巧

（1）提醒组员相互倾听。老年社会工作者应注意维持现场纪律，提醒组员认真倾听他人的发言，养成相互倾听的习惯。

（2）鼓励组员积极表达。老年社会工作者应鼓励组员积极表达自己的看法和感受，并接纳他人的看法和感受。

（3）帮助组员相互理解。老年社会工作者应密切关注组员的表情、态度、姿势等，当意识到组员在沟通中感到困惑时，可以通过解释、询问等方式帮助他们相互理解。

（4）促进组员相互反馈。老年社会工作者应鼓励组员彼此分享并予以反馈，以提高沟通效果，增进组员之间的感情。

（5）示范。在组员不知道如何与他人沟通时，老年社会工作者可以为其示范，并引导其有效模仿。

张爷爷患有听力障碍，经常听不清他人说话，但又不愿意面对自己听力不佳的事实，导致脾气越发暴躁。一天，张爷爷参与小组活动时，由于听不清其他组员的发言，

便开始发脾气，导致小组活动被迫中断。

请问：如果你是负责本次小组活动的老年社会工作者，你会如何帮助张爷爷与其他组员顺利沟通？

二、组织老年小组讨论的技巧

在老年小组工作中，老年社会工作者通常采用小组讨论的方式确定小组工作目标、解决小组问题。组织小组讨论有助于激发组员参与小组活动的积极性，增强组员的归属感，从而最大限度地发挥集体的力量。因此，老年社会工作者应合理运用组织老年小组讨论的技巧，以推动小组的发展。

（一）做好老年小组讨论前的准备

（1）选择合适的主题。老年社会工作者可以结合小组工作目标、组员能力等，为小组选择合适的讨论主题，以明确老年小组讨论的方向。

（2）确定讨论形式。老年社会工作者可以根据小组的人数、类型等提前确定讨论形式，如圆桌式讨论、陪席式讨论、分组讨论、辩论式讨论等。

陪席式讨论是指先由一位专家发表意见，再由各位组员针对专家意见发表自己见解的讨论形式。

（3）合理布置活动场地。在小组讨论前，老年社会工作者应对活动场地的座位、灯光、音响等进行统筹布置。例如，可以将座位布置成 U 形或口形（见图 3-6），以便提高组员的互动频率。

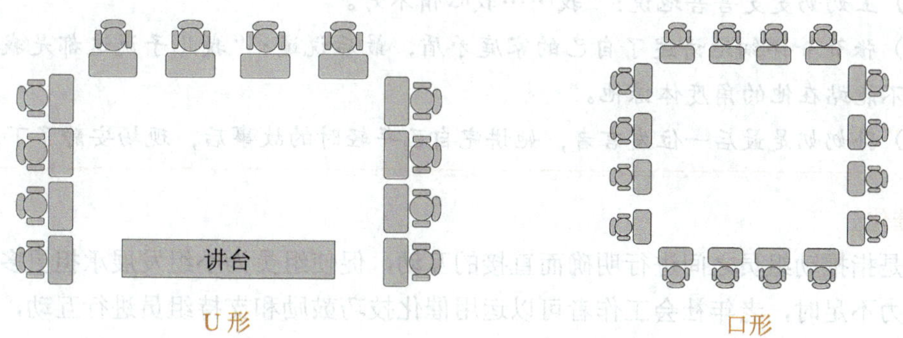

图 3-6　座位布置形式

（4）选择合适的参与者。参与者一般包括讨论会的主持人、专家、志愿者、组员等。老年社会工作者可以根据实际情况安排好参与者，并帮助他们明确自己的职责。

（5）拟定讨论草案。讨论草案的内容包括讨论的目标（如提供建议、激发兴趣或解决问题）、讨论的时长、讨论的问题等。通过拟定讨论草案，老年社会工作者可以更好地把控小组讨论的进程，减少突发状况。

（二）合理组织老年小组讨论

在小组讨论过程中，老年社会工作者应合理运用以下技巧。

1. 介绍

在小组讨论开始前，老年社会工作者可以对参与者特别是组员进行介绍，使组员相互认识，以便开展讨论。如果组员彼此之间已经十分熟悉，老年社会工作者可以介绍讨论的主题、背景、目标、规则和要求等。

2. 提问

在小组讨论中，老年社会工作者可以使用以下几种提问方式：

（1）深究回答型提问。使用“描述”“告诉”“解释”等词提问，要求组员更具体地回答问题，以便更深入地了解组员的感受和想法。

（2）重新定向型提问。引导组员从另一个角度思考问题，以便更准确地理解组员所表达的意思，如“刚才您提到了他人的看法，那么您是怎么想的呢”。

（3）反馈和阐述型提问。要求组员进行反馈和阐述，以推动组员积极参与讨论，使组员能够更好地理解小组讨论的内容，如“我们刚才讨论××问题，谁能对此总结一下”。

课堂互动

老年社会工作者应根据不同的情况和时机采用不同的提问方式。请结合所学知识，判断在下列情况中应采用哪种提问方式并举例说明。

（1）王奶奶支支吾吾地说：“我……我心情不好。”

（2）张爷爷详细地讲述了自己的家庭矛盾，最后说道：“我儿子说这都是我的错，因为我不能站在他的角度体谅他。”

（3）孙奶奶是最后一位发言者，她讲完自己年轻时的故事后，现场安静了下来。

3. 催化

催化是指推动组员之间进行明确而直接的互动，促使组员为小组发展承担更多的责任。当小组动力不足时，老年社会工作者可以运用催化技巧鼓励和支持组员进行互动，如邀请组员发言或采用头脑风暴法等。

拓展阅读

头脑风暴法

在小组讨论中，当组员不愿意表达自己，导致气氛沉闷，小组讨论失去其应有的作用时，老年社会工作者可以采用头脑风暴法刺激组员自由表达，共同解决小组的问题。

头脑风暴法的一般过程如下：

（1）会前准备。组员共同决定所要讨论和解决的问题，限定讨论时间，并选出一名主持人对该问题进行清晰的描述。

（2）发散思考。组员在设定时间内大胆联想，提出积极的建议和想法。需要注意的是，任何人都不能反驳他人观点。

（3）创意评估。老年社会工作者对组员提出的建议和想法进行分类和整理。

（4）聚合思维。围绕较好的想法再次展开论证，直到找出解决问题的最佳方法。

4. 设限

设限是指对小组讨论的时间、范围、形式等设定界限。当组员出现垄断小组讨论、偏离主题、言语不当等问题时，老年社会工作者可以运用设限技巧进行干预，如限定发言时间、调整发言次序、及时中止话题、主动询问未发言者等。

5. 中立

组员在讨论时可能会因为观点不一致而与他人争论，且希望老年社会工作者能够支持自己的观点。此时，为了避免冲突加剧，老年社会工作者可以运用中立技巧，具体如下：

（1）随时保持立场中立，不偏袒任何一方。

（2）不随意评判他人的意见，不批评、不指责。

（3）可以为组员提供资料，帮助组员分析利弊，但不能替组员做决断。

6. 总结

总结是指简明扼要地整理、归纳、阐明小组讨论的要点。当出现以下情况时，老年社会工作者可以运用总结技巧：① 讨论段落结束时；② 应变换讨论话题时；③ 组员的发言时间过长时；④ 组员的发言内容过于复杂或过于宽泛时；⑤ 组员的声音过小时；⑥ 组员的意见对立或组员争执过久时。

总结时的注意事项

7. 引导

老年社会工作者应把控小组讨论的进程，使组员始终围绕讨论主题，并按照预定的步骤完成小组讨论。因此，老年社会工作者应善于运用引导技巧，如提示组员注意讨论的重点、强调讨论的步骤等，从而引导讨论方向。

三、设计老年小组活动的技巧

小组活动是老年社会工作者开展小组工作的重要形式之一，开展具有逻辑性、趣味性、针对性的小组活动能够助力小组工作目标实现。因此，老年社会工作者应掌握设计老年小组活动的技巧，充分发挥小组活动在老年小组工作中的作用。

（一）紧扣小组工作目标

老年社会工作者在设计老年小组活动时，应先从小组工作的总目标出发，再围绕小组工作各个阶段的具体目标设计一系列的活动。

以某老年支持小组为例，该小组工作的总目标是使组员摆脱消极情绪的困扰，积极面对生活，因此在小组形成期，老年社会工作者可以设计自我介绍、热身游戏等活动，促进组员相互认识，消除组员的紧张情绪；在小组转折期和成熟期，老年社会工作者可以设计情景模拟等活动，引导组员换位思考、理解他人；在小组工作结束阶段，老年社会工作者可以设计感恩行动、经验分享会等活动，鼓励组员相互学习，帮助组员巩固小组经验。

（二）考虑组员的特点

在设计老年小组活动时，老年社会工作者可以综合分析每一位组员的身心特点、文化程度、兴趣爱好、成长经历，以及他们面临的主要问题，在此基础上设计出更有针对性、更符合小组需求的小组活动。

任务实施

分析老年小组工作的技巧

【任务描述】

主讲教师开展主题班会，并引导学生讨论各小组在老年小组工作技巧运用方面的优点与不足。

【任务要求】

（1）学生按照本项目任务一任务实施中的分组情况进行分组。

（2）在开展主题班会前，小组长组织本小组成员观看所有小组的情景模拟视频。

（3）在主题班会上，小组长组织本小组成员根据所学知识讨论、分析各小组在老年小组工作技巧运用方面的优点与不足，并投票选出在老年小组工作技巧运用方面表现最好的小组。注意：每小组仅有一票，且不能将该票投给本小组。

（4）主讲教师公布投票结果并对各小组的表现进行点评。

学习成果自测

1. 填空题

（1）老年小组工作一般以____________的形式开展。

（2）____________是基于组员、小组和社会环境之间的关系而建立的模式。

（3）老年小组工作的实施阶段包括____________、____________和小组成熟期。

（4）____________是指对小组讨论的时间、范围、形式等设定界限。

2. 单项选择题

（1）针对患有轻度到中度认知障碍的老年人，适合组建的小组类型是（　　）。

A．老年支持小组

B．老年治疗小组

C．护老者小组

D．现实辨识小组

（2）下列选项中，（　　）不属于老年小组工作的原则。

A．优先原则　　B．互助原则

C．增能原则　　D．差别化原则

（3）下列选项中，（　　）属于发展模式的理论假设。

A．老年社会工作者的行动可以影响小组的发展进程

B．个人具备强烈的自我意识，能够进行自我评价，促进自我实现

C．老年社会工作者的知识水平是诊断和治疗组员的关键

D．每个人都有与他人互动、互惠并融入集体的动机和能力

（4）在小组转折期，老年社会工作者协调和处理小组冲突时应做到（　　）。

A．指责和批评冲突中的过错方

B．重点关注特殊组员，以特殊组员的需求为先

C．始终坚持原有的小组规范和契约

D．保持包容、冷静和理性的态度

（5）下列选项中，（　　）属于老年社会工作者在小组成熟期应做的工作。

A．关注特殊组员

B．协助组员从小组经验中重建认知

C．制定小组规范和小组契约

D．进一步促进小组动力的形成

（6）下列选项中，（　　）不属于组织老年小组讨论的技巧。

A．在小组讨论开始前，对参与者进行介绍

B．对小组讨论的时间、范围、形式等设定界限

C．随时保持立场中立，不偏袒任何一方

D．当组员之间因观点不一致而发生争论时，迅速替他们决断

3．简答题

（1）对组员来说，老年小组工作具有哪些功能？

（2）简述互动模式的实施原则。

（3）老年社会工作者应如何缓解组员的离别情绪？

（4）在组织老年小组讨论时，老年社会工作者可使用哪些提问方式？

请进行学习成果评价，并将评价结果填入表 3-5 中。

表 3-5　学习成果评价表

<table>
<tr><td>班级</td><td></td><td>组号</td><td></td><td>日期</td><td></td></tr>
<tr><td>姓名</td><td></td><td>学号</td><td></td><td>主讲教师</td><td></td></tr>
<tr><td>项目名称</td><td colspan="5">老年小组工作</td></tr>
<tr><td>评价项目</td><td colspan="3">评价内容</td><td>满分</td><td>评分</td></tr>
<tr><td rowspan="4">理论知识
（40%）</td><td colspan="3">老年小组工作的含义、内容、功能和原则</td><td>8</td><td></td></tr>
<tr><td colspan="3">老年小组工作的服务模式</td><td>12</td><td></td></tr>
<tr><td colspan="3">老年小组工作的基本流程</td><td>12</td><td></td></tr>
<tr><td colspan="3">老年小组工作的技巧</td><td>8</td><td></td></tr>
<tr><td rowspan="2">实践技能
（40%）</td><td colspan="3">能够结合实际情况，合理选择老年小组工作的服务模式</td><td>10</td><td></td></tr>
<tr><td colspan="3">能够按照专业流程开展老年小组工作，并合理运用老年小组工作的技巧</td><td>30</td><td></td></tr>
<tr><td rowspan="4">综合素养
（20%）</td><td colspan="3">乐于学习，勤于学习，善于学习</td><td>5</td><td></td></tr>
<tr><td colspan="3">具备团队精神，积极与他人合作</td><td>5</td><td></td></tr>
<tr><td colspan="3">做尊老、敬老、爱老、助老的倡导者和践行者</td><td>5</td><td></td></tr>
<tr><td colspan="3">始终秉持“以人为本、助人自助”的专业价值观</td><td>5</td><td></td></tr>
<tr><td colspan="4">合计</td><td>100</td><td></td></tr>
<tr><td>自我评价</td><td colspan="5"></td></tr>
<tr><td>教师评价</td><td colspan="5"></td></tr>
</table>

项目四 老年社区工作

项目引言

社区是老年人主要的活动场所和生活空间。随着年龄的增长和身体机能的衰退，老年人对社区的依赖性逐渐增强，对社区服务有了更高的要求。为了满足老年人及其家庭的需求，老年社会工作者可以通过开展老年社区工作为老年人提供社区照顾服务，引导老年人积极参与社区事务，融入社区，从而解决社区问题、推动社区发展，帮助老年人在舒适、安全的社区环境中安享晚年。

知识目标

- 理解老年社区工作的含义、内容和原则。
- 熟悉老年社区工作的服务模式。
- 掌握老年社区工作的基本流程。
- 熟悉老年社区工作的技巧。

素质目标

- 坚持“想人所想，理解至上”，将自己看作社区中的一员，深刻体会和理解社区老年人的需要，并充分尊重每一位社区老年人，捍卫社区老年人的平等权利。
- 明白“凡事预则立，不预则废”的道理，重视计划的重要性，做到“谋定而后动，厚积而薄发”。

任务一 认识老年社区工作

任务导入

最近一段时间，社区老年人参加活动的兴致普遍不高。小李询问李奶奶后得知，社区里的独居老年人陈爷爷在家摔伤了，但直到两天后，陈爷爷的邻居觉得不对劲，报警后才发现陈爷爷摔伤的事情。尽管社区里类似事件并不少见，但这次陈爷爷伤势严重，因而社区里的很多老年人受到这件事的影响，对自己的处境感到十分担忧。

小李查阅资料后得知，A社区曾经是某企业的家属区，已经有30年的历史，楼房样式较老，年轻人并不喜欢，所以一般都是老年人在这里居住，老年人的子女成家后迁往别处居住。目前，A社区有455户常住户，在籍人口1 682人，其中有521人只是户籍在册，并不在这里居住。登记在册且在这里居住的1 161人中，有667名老年人，占居住总人口的57.5%，其中有70%以上的老年人是空巢或独居老年人。

了解到以上信息后，小李决定在A社区开展老年社区工作。

思考：

（1）什么是老年社区工作？老年社区工作的内容有哪些？

（2）在开展老年社区工作时，小李应遵循哪些原则？

一、什么是老年社区工作

老年社区工作是指老年社会工作者以社区为平台，充分利用社区资源解决社区问题，从而提高老年人的社会福利水平和生活质量的专业社会工作方法。

具体来说，老年社区工作具有以下内涵：

（1）以社区为平台，重视改善老年人与社区的关系。

（2）从社会结构、社会政策、社会制度和资源分配等角度分析和解决社区问题，维护社区老年人的权利。

（3）鼓励老年人积极参与社区事务，注重培养老年人对社区的认同感和归属感，以营造和谐的社区环境。

二、老年社区工作的内容

（一）统筹社区照顾

社区照顾是指社会工作者采用个案管理、资源链接等方式，为有需要的社区居民提供生活照料、精神慰藉、康复护理、权益维护、社会支持等服务。随着身体机能逐渐衰退、社会地位逐渐下降，老年人需要得到他人的照料，以维持自身的生存和发展。因此，老年社会工作者应充分发挥专业优势，统筹各种社区资源，为老年人提供社区照顾服务。

拓展阅读

个案管理与个案工作的区别

个案管理是指社会工作者对具有多种需求、面临多种困境的人进行评估，并为其提供一系列服务的专业行动过程。个案管理与个案工作不同，两者的区别如表 4-1 所示。

表 4-1　个案管理与个案工作的区别

项目	个案管理	个案工作
服务对象	具有多种需求，面临多种困境	面临某一个或某一类问题
服务提供者	由不同专业和不同层次的人员组成的团队	社会工作者
服务目标	帮助服务对象争取资源，同时提高服务对象利用资源的能力	挖掘服务对象的潜能，提高其社会适应能力和解决问题的能力
功能	拓展服务对象的资源网络，以满足服务对象的需求	解决服务对象的问题

具体来说，老年社会工作者应为老年人提供以下社区照顾服务：

（1）为老年人提供社会融入、能力提升、心理疏导等方面的专业服务，解决老年人因心理行为偏差引发的个体和社会问题。

（2）为老年人（特别是留守、空巢、失独、病残、失能、高龄老年人）提供生活照料、精神慰藉、情绪疏导、危机干预、关系调适等服务。

（3）及时报告家庭暴力或疑似家庭暴力案件，为遭受家庭暴力的老年人提供紧急救助、临时庇护、情绪疏导、资源链接和社会支持等服务。

拓展阅读

老年人临时庇护服务

老年人临时庇护服务是指老年社会工作者按照法律规定，为那些人身安全和基本生活权利受到侵害的老年人提供的服务，具体包括以下三个方面：

（1）法律庇护，即为老年人提供法律咨询服务、帮助老年人调解纠纷或为老年人寻求法律援助等。在老年人面临被子女虐待、被他人干涉人身自由、被他人侵占财产等问题时，老年社会工作者均可为老年人提供法律庇护服务。

(2) 生活庇护，即为受到侵害的老年人提供短期的生活照料服务，使老年人在问题解决之前能有安身之地，避免老年人流落街头或出现其他问题。

(3) 舆论庇护，即借助大众传播媒介，呼吁社会公众关注老年人、关爱老年人，如报道敬老事例等。

(4) 协助做好老年人健康管理工作，为医院转介而来的老年人提供社区治疗与康复服务。

(5) 为遭受突发事件、意外伤害、亲人离世等事件而需要帮助的老年人提供生活照料、情绪疏导、资源链接等服务。

如何对老年人进行情绪疏导

(二) 扩大社区参与

老年人积极参与社区活动，不仅可以缓解孤独感和抑郁情绪，促进身心健康，还可以更好地融入社会，为社会发展贡献力量。因此，老年社会工作者应采取一系列措施扩大社区参与，具体如下：

(1) 协助社区党组织和社区居民自治组织开展社区老年人需求调查，参与策划、执行、评估社区老年人服务项目与活动。

(2) 协助社区党组织和社区居民自治组织动员社区老年人参与社区协商。

(3) 培养社区老年人参与社区公共事务的意识，提高社区老年人的参与能力，拓展社区老年人的参与空间，建立社区老年人的参与机制。

(4) 组织策划社区志愿服务项目，引导社区老年人参与社区志愿服务，协助社区党组织和社区居民自治组织开展社区老年志愿者动员、招募、培训等工作。

(三) 促进社区融合

社区融合是指社会工作者通过整合社区资源，建立社会网络，帮助社区居民平等享有民主权利、公共服务及相关社会福利，从而增强社区认同，促进社区团结，形成社区和睦相处、和谐共进的状态。

老年社会工作者应重视老年人在社区中的作用，积极促进老年人融入社区，具体如下：

(1) 帮助外来老年人适应社区环境，促进原有社区居民接纳外来老年人。

(2) 帮助拆迁安置、棚户区改造、政策移民、灾后重建社区内的老年人适应新环境，建立支持性社区关系网络。

(3) 参与社区老年人矛盾调解，预防、化解社区老年人的矛盾。

(4) 参与建立社区老年人的互助团体和支持网络，组织社区老年人进行自助和互助，推动形成理性平和、宽容接纳、诚信友爱、平等尊重的居民关系。

助老为乐

老年社会工作者助随迁老年人融入社区

近年来，为了帮助随迁老年人融入社区，湖南省长沙市基层社工站从文化参与、社交参与、公益参与三个方面着手，积极拓展随迁老年人的“生活圈”“朋友圈”“志愿圈”。

1. 更新“生活圈”，营造归属感

2023 年，65 岁的蔡奶奶刚迁到湖南省长沙市，由于语言不通，蔡奶奶想了解周围环境却无从下手，只能整天坐在家里发愁。此时，社工站组织的“社区地图课”如一场及时雨解了蔡奶奶的燃眉之急。从一条路到一栋建筑，再到社区医院、银行、公园、公交站等，社工站的老年社会工作者通过图文并茂的方式，带着老年人熟悉了周围环境。

同时，为了让随迁老年人生活更便利、舒适，社工站还将医保购买指南、社区通讯录、“长沙话实用宝典”等资料制作成“候鸟关怀包”，帮助他们适应新环境，找到属于自己的生活节奏。

2. 开拓“朋友圈”，丰富人情味

83 岁的王爷爷左眼失明，妻子已离世多年。2024 年年初，王爷爷来到长沙市，与儿子一家同住。由于不熟悉外界环境，王爷爷平时不爱出门，他表示：“这里我一个人都不认识，不像老家，左邻右舍都是熟人。”

为帮助此类老年人摆脱困扰，社工站组建随迁老年人微信群，依托社区党群服务中心、社区居家养老服务站、城市驿站等开展了一系列社交活动，为随迁老年人打造了“有地去、有话聊、有友聚”的社交空间。如今，王爷爷的新“朋友圈”打开了，脸上的笑容也多了。

3. 共建“志愿圈”，增强价值感

“早上 6 点起床做饭，饭后送两个孙子上学，回来的路上买点儿菜。上午忙活家务，午饭后看看电视，下午不到 4 点去接孙子放学，再准备晚饭。”这是廖奶奶刚来长沙时的生活日常。周而复始的生活与廖奶奶对生活的美好期待背道而驰。

为了帮助此类老年人找到生活价值，社工站组建了“余热映初心，情暖夕阳红”随迁老年人志愿小组。廖奶奶在志愿小组活动中忙得不亦乐乎，她说：“能为社区做点儿事，我真的很有成就感。”

（资料来源：柳峥，《社工助随迁老人融入城市》，《中国社会报》，2024 年 5 月 29 日）

（四）推动社区发展

社区工作的最终目的是培养社区居民的民主意识和自助、互助能力，建立良好的社区内部人际关系和合理的社会结构，促进社区发展。因此，老年社会工作者应协调社区各方力量，努力提高老年人的能力和素养，具体如下：

（1）开展社区培训，举办面向社区老年人的文化、教育和科普等方面的活动，提高社区老年人的文化素养。

（2）开展社区文化素质与家庭美德、公民道德教育，帮助老年人形成积极向上的生活态度和良好的行为规范。

（3）协助社区党组织和社区居民自治组织发动社区老年人参与制订、实施社区发展规划。

打造老年友好型社区，为老年人生活增添幸福底色

近年来，黑龙江省绥化市庆安县安泰街道庆和社区按照“党建引领、紧贴标准、链接资源、优化服务”的工作思路，建立健全老年友好型社区管理服务长效机制，不断提高社区服务能力，被国家卫生健康委、全国老龄工作委员会办公室命名为2023年全国示范性老年友好型社区。

首先，庆和社区依托安泰街道老年学校，成立了太极拳班、声乐班、书法班等老年兴趣班。每天一大早，就有不少老年人在文体活动室参加活动。通过开展丰富多彩的文体活动，庆和社区创造了多元的社会参与机制。

其次，庆和社区协调物业公司，在多个小区建设无障碍坡道（见图4-1），方便老年人出行，同时对小区地面、入户门、扶手等7处进行适老化改造，降低老年人生活风险。庆和社区的老年社会工作者表示，社区围绕居民对养老服务的需求，始终聚焦为老服务软硬件建设，切实增强老年人在社区生活的获得感、幸福感和安全感。

图4-1　无障碍坡道

最后，庆和社区以党群服务中心和新时代文明实践站为核心，构建以社区党员干部和网格员为主导、以热心居民为主体、以驻区单位工作人员为延伸、以大中小学生为补充的“四位一体”志愿服务模式，围绕居住环境改善、民生帮扶、服务代办、心理关爱等事项，为社区老年人提供服务1 000余次、解决难题2 130余件。

接下来，庆和社区将以不断增强老年人的获得感、幸福感、安全感为目标，构建以解决社区老年人日常生活困难、提高社区老年人生活品质为主要内容的服务体系。

（资料来源：邹慧、李忠双，《庆安：打造老年友好型社区 为老人生活增添幸福底色》，人民网，2024年1月25日）

三、老年社区工作的原则

（一）积极看待老年人

老年社会工作者应以积极的眼光看待老年人，尊重和接纳老年人，与老年人建立起支持、信任和平等的关系，同时应相信老年人是有潜能和价值的，尽可能多地发现老年人的优点和长处，肯定他们的社会价值，给予他们适当的鼓励。

（二）注重老年人的需求

老年社会工作者应深入调查、分析社区老年人的问题和需求，设计和实施社区老年社会工作服务项目，最大化地满足社区老年人多样化、个性化的需求，并把社区老年人需求的满足度作为检验老年社区工作服务成效的标准。

（三）发挥专业技能

老年社会工作者应将老年社会工作的专业理念、专业规范和专业方法融入社区工作的各领域、各环节，逐步用老年社会工作的专业理念丰富社区老年人服务工作理念，用老年社会工作的专业规范完善社区老年人服务管理制度，用老年社会工作的专业方法提高社区老年人服务管理水平，促进老年社会工作与社区建设融合发展。

（四）充分利用资源

老年社会工作者应在社区党组织的领导和社区居民自治组织的支持下，组织引导相关社会组织、驻社区单位、志愿者、老年人等多方力量参与、支持社区建设和社区治理，推动实现社区共建共享。同时，应重视发掘社区内部资源，支持具有专业技能的社区老年人参与社区建设，依靠社区自身力量解决社区问题。

此外，在老年社区工作中，老年社会工作者应重视团队的作用，根据社区老年人多样化、个性化的需求，协助组织跨专业合作团队，为社区老年人提供系统性、专业性、适切性的服务。

任务实施

分析老年社区工作的内容和原则

【任务描述】

小齐是E街道社工站的老年社会工作者。近期，他在进行市场调研时，了解到以下信息：

（1）K社区是一个大型社区，有约2万居民，其中60～80岁的老年人有5 000余人，80岁以上的老年人有700余人，人口老龄化问题突出。目前，该社区的老年人面临以下两个方面的问题：一是部分老年人经济保障和医疗保障不足，表现为生活窘迫、看病困难；二是部分老年人无人照料，且没有求助的途径。

（2）P社区有8 200余人，其中老年人约有1 700人，约占社区总人口的20%。该社区的老年人大部分为空巢老人，与子女见面的频率较低，生活上无人照料。此外，社区老年人活动较少，基础设施不足，老年人除了外出散步，没有其他的娱乐活动。

（3）W社区是一个新建社区，有约300户住户，其中老年人家庭有100余户，独居老年人有30人。该社区环境良好，基础设施齐全，但由于物业公司管理不善，社区内存在车辆停放无序、公共区域被私用、夜间装修扰民等问题。社区老年人多次与物业公司协调未果，日常生活受到影响，生活质量严重下降。

请根据上述案例分析老年社会工作的内容和原则。

【任务要求】

（1）学生自由分组，每组6~8人，并选出一名小组长。

（2）小组成员从上述案例中选择一个案例，根据所学知识，就以下问题进行讨论：① 该社区的老年人面临哪些问题？② 如果要在该社区开展老年社区工作，主要的工作内容有哪些？③ 小齐在工作中应遵循哪些原则？

（3）小组长汇总、整理讨论结果，并在课堂上进行分享。

（4）主讲教师对各小组的表现进行点评。

任务二　熟悉老年社区工作的服务模式

任务导入

在正式开展老年社区工作之前，小李咨询了街道办事处的工作人员，并与老王进行了讨论。小李考虑到A社区老年人较多，以空巢和独居老年人为主，且目前A社区存在基础设施老旧、适老化改造不足等问题，便决定采用社区照顾模式为A社区的老年人提供服务。

思考：

（1）老年社区工作的服务模式有哪些？

（2）什么是社区照顾模式？社区照顾模式的特点有哪些？

在具体的工作实践中，针对不同的社区问题，形成了不同的老年社区工作服务模式，如地区发展模式、社会策划模式和社区照顾模式等。老年社会工作者应根据不同的社区环境，选择不同的服务模式。

一、地区发展模式

地区发展模式是指鼓励社区居民以自助或互助的方式广泛参与社区事务，从而解决社区问题、推动社区发展的服务模式。

（一）地区发展模式的特点

地区发展模式是老年社会工作者协助社区老年人和其他社区居民分析问题、发挥其自主性的工作过程，具有以下特点。

1．关注社区共同问题

社区共同问题是指那些对绝大部分社区居民的生活造成影响的问题，具有影响范围广、涉及人数多等特点。在地区发展模式中，老年社会工作者会更关注那些对绝大部分老年人产生影响的问题，如社区中缺少老年人活动场所、特殊老年人无人照料等。

2．通过提高社区自助能力实现社区整合

在地区发展模式中，老年社会工作者介入的社区一般都存在着社区老年人对社区事务漠不关心、社区老年人之间缺少互动、社区老年人解决社区问题的能力不足等问题。因此，老年社会工作者在进入这类社区时，往往会以培养社区老年人的自助和互助能力、促进社区团结为目标。例如，在分析社区问题时，老年社会工作者不会直接告知结论，而是引导社区老年人经过讨论、分析达成共识。

3．重视社区老年人参与

地区发展模式认为，社区问题是每个社区都无法避免的，居民参与是解决社区问题的重要方法。因此，在地区发展模式中，老年社会工作者十分重视社区老年人参与，通过一系列策略增强社区老年人对社区事务的兴趣，促进社区老年人之间、社区老年人与社区居民自治组织之间的沟通与合作，从而使社区老年人在参与社区事务的过程中学会自助自决。

（二）地区发展模式的实施策略

地区发展模式强调推动社区老年人的参与和互助合作，拓宽社区老年人沟通和交往的渠道，以便更好地利用各种资源解决社区问题。因此，在实施地区发展模式时，老年社会工作者可采用以下策略。

1．加深社区老年人对社区的认识

针对社区老年人不了解、不熟悉社区的问题，老年社会工作者可以向社区老年人发放社区资源地图（见图 4-2）、社区介绍手册，主动告知社区资源分布状况。此外，老年社会工作者还可以开设小组课程，教社区老年人如何利用社区资源改善社区生活。

图 4-2　社区资源地图

2. 促进社区老年人参与

当面对社区共同问题时，老年社会工作者可以鼓励社区老年人参与居民大会，以了解社区老年人的诉求和意见。同时，老年社会工作者可以让部分积极性较高的社区老年人承担一些策划或管理的任务，以激发社区老年人参与社区事务的热情，提高社区老年人解决问题的能力。此外，老年社会工作者还可以邀请社区老年人分享社区参与心得，并鼓励社区老年人持续参与，增强社区老年人参与的信心。

3. 促进社区老年人建立良好的邻里关系

针对社区居民之间冷漠、疏离的状态，老年社会工作者可以组织一系列的社区活动，如文艺演出、老年人书画比赛、老年人趣味运动会（见图 4-3）等，让社区老年人能够在这些活动中相互熟悉，增强对社区的认同感和归属感。

图 4-3　老年人趣味运动会

此外，老年社会工作者还可以开展一些楼道活动，以加强邻里之间的沟通，促进邻里之间互助合作。例如，定期举办楼道会议，组织同一楼道的居民共同讨论楼道杂物处理方法等。

4. 积极链接资源

老年社会工作者应根据社区需求，利用自己的专业知识和技巧，挖掘社区资源，为老年人提供相应的服务。当社区内部资源不足时，老年社会工作者可以从社区外部链接资源，以推动社区问题的解决，如邀请社区以外的专业人士做顾问、寻求政府资源等。

经典案例

积极链接资源，推进老年助餐服务可持续发展

近年来，为了解决老年人“吃饭难”问题，各地积极推进老年助餐服务。由于老年助餐服务项目所提供菜品的价格一般低于市场价，有的甚至对低保、特困、高龄老年人免费，为了保持收支平衡，促进项目的可持续性运营，社工站积极采取各种措施链接资源。

在山东省泰安市宁阳县杏山村，宁阳县爱家社会服务中心的社会工作者采用“众筹+互助”的模式运营“乐邻爱心厨房”。餐食实际成本为5元，由乡村发展公益基金补贴3元，村委会补贴1元，困境老年人仅需支付1元即可享受爱心午餐。其中，乡村发展公益基金来自慈善公益基金会、爱心企业、爱心人士等的捐赠。

湖南省益阳市资阳区汽车路街道人民路社区“爱心食堂”的社会工作者张某介绍，他们坚持贯彻民政部等11部门印发的《积极发展老年助餐服务行动方案》，建立“个人出一点、企业让一点、政府补一点、集体添一点、社会捐一点”的多元筹资机制。一方面，帮助特殊老年人享受政府给予的餐费补贴和优惠价格；另一方面，在某募捐平台为“爱心食堂”募集资金和物资，截至2024年2月，已募集资金12万余元、各类物资折合人民币34万余元。

（资料来源：周佩滢，《社会工作视角下的老年助餐服务——助在吃上 助到心里》，《中国社会报》，2024年2月28日）

二、社会策划模式

社会策划模式是指老年社会工作者在了解社区问题的基础上，通过理性、客观和系统的分析，对解决社区问题的过程和方法进行计划的服务模式。

（一）社会策划模式的特点

1. 老年社会工作者居于主要位置

社会策划的过程就是收集与社区问题相关的资料，了解问题的本质和产生原因，并以理性的态度确定问题解决方案。在这一过程中，老年社会工作者始终居于主要位置，扮演着计划制订者和解决方案设计者的角色，指导和制约着社区居民的行动。

有人认为：“社会策划模式以老年社会工作者为主，因此在社会策划模式中，老年人是否参与并不重要。”你认为上述观点正确吗？为什么？

2. 以任务目标为导向

在社会策划模式中，任务目标是解决实质性的社区问题。老年社会工作者介入的社区通常存在多种问题，如医疗资源不足、福利水平过低、基础设施老旧等，因此社会策划模式更注重任务目标的实现，如为社区链接优质医疗资源、提高福利水平、完善基础设施等。

小贴士

老年社区工作的目标可分为任务目标和过程目标。其中，任务目标是指针对某项任务设定的目标，如为社区修桥铺路、解决噪声扰民问题等；过程目标是指针对某个具体的工作过程设定的目标，注重提高社区老年人解决社区问题的能力。

3. 关注社区未来的变化

在社会策划模式中，老年社会工作者着眼于整个策划过程，通过分析收集到的社区资料，预测将会发生的事情，并设计应对策略，以降低社区未来发展的不稳定性。

（二）社会策划模式的实施策略

在实施社会策划模式时，老年社会工作者可采用以下策略。

1. 理性策略

理性策略包括以下两个方面的内容：

（1）理性的策划过程。老年社会工作者应按照设定清晰的目标、设计可行性方案、对各可行性方案进行评估、选择最优方案的流程进行策划。

（2）理性的研究方法。老年社会工作者应采用定性和定量相结合的方法收集、处理和分析社区资料，以制订科学的计划。

2. 社会关系策略

为了推动计划的实施，老年社会工作者应以理性、谨慎的态度与社区老年人和不同领域的专业人员建立联系。一般来说，社会关系策略包括以下两种：① 冲突性策略，如游说、倡导、谈判、竞争、抗议等；② 共识性策略，如协商、沟通、对话、合作等。

经典案例

社会策划模式下的“暖房子”楼院改造

辽宁省大连市甘井子区南关岭街道绿园社区绿园小区建于20世纪90年代，是一个典型的城市老旧小区，小区的日常维护资金主要来自基层政府的专项拨款和产权单位的房屋维修资金。随着产权单位接连改制，维修资金大幅缩减，小区硬件出现各种问题，严重影响了社区居民的日常生活。

为了改善居民居住环境，大连市西岗区一路阳光社会工作服务中心依托大连市的“暖房子”工程，在绿园小区实施了“暖房子”楼院改造项目。

首先，老年社会工作者以社区发展为导向，综合考量社区居民、沿街商户等各方面因素后，设计了两套可行性方案。为选出最优方案，老年社会工作者组织召开焦点小组会议，对两个方案进行了探讨，确定了最终方案。

其次，老年社会工作者明确了各方分工：老年社会工作者负责统筹协调，协助社区居民签订施工协议；施工方负责按照清单完成施工内容；分设专人负责政策宣传、卫生管理、施工监督、居民联系、投诉受理等。同时，老年社会工作者制订了改造工作应急预案，包括水电中断的备用资源、恶劣天气应对措施、各方矛盾冲突的化解方案等，以减少各种不确定因素的影响。施工期间，老年社会工作者还在小区宣传栏和单元门口公示了施工信息，并及时收集和解决社区居民反映的问题。在老年社会工作者的统筹安排下，志愿者每天定时巡逻，发现问题及时上报，对施工全过程进行监督。

最后，绿园小区楼院的全部改造项目如期顺利完工，经验收合格，且无重大安全事故发生。改造后的楼院焕然一新，社区居民的生活质量大大提高。施工期间，老年社会工作者累计召开联席会议6次，妥善解决施工中的各种问题，满足社区居民的需求，最终基本实现了项目的任务目标。

（资料来源：司宇宁，《社区治理案例｜社会策划模式下的“暖房子”楼院改造》，中国社会工作微信公众号，2024年3月28日）

三、社区照顾模式

社区照顾模式是指老年社会工作者整合社区资源，为有需要的老年人提供服务，使他们能够在家中或者社区中得到照顾的服务模式。

（一）社区照顾模式的特点

1. 以协助老年人融入社区为目标

社区照顾模式认为，老年人所生活的社区是其正常的生活环境，这种环境中有他们熟悉的人，有同其他人交往的机会，也有能够保证正常社会生活的条件。因此，社区照顾模式的目标就是协助有需要的老年人融入社区，确保他们在社区中正常生活。

2. 强调社区责任

在社区照顾模式下，老年人不再完全依赖政府提供资源和服务，而是由政府、机构、志愿服务组织、社区和家庭共同分担照顾责任，且老年人主要居住在社区，因此社区应承担起责任，为老年人营造更加舒适的环境。

助老为乐

暖心服务关爱独居老年人，多措并举守护人间温情

北京市北下关街道大慧寺社区老旧小区较多，高龄独居老年人占比较高。为切实帮助他们解决生活中的各种问题，该社区充分发扬尊老敬老的传统美德，联合相关部门、辖区

单位不断探索服务独居老年人的新路径，全面满足独居老年人的精神需求和物质需求。

1. 消防宣传

在社区党组织的指导和支持下，老年社会工作者到独居老年人家中，宣传消防安全知识，检查相关消防物资是否在保质期内，为独居老年人送上“消防四件套”——灭火毯、防火面罩、阻燃床单和灭火器，并手把手教会老年人正确使用。

2. 义务理发

社区妇女联合会联合辖区单位的理发店，免费为80岁以上的老年人理发。社区出行不便的老年人经居委会安排后，可在家享受上门理发服务。“平时也想精精神神的，但是去理发店又不方便，这下心情都好多了。”刚理完发的肖奶奶开心地说。

3. 暖心送餐

独居老年人精力有限，出门买菜也十分不便，吃饭成了困扰他们的一道难题。老年社会工作者在了解情况后立即行动，联系社区食堂解决独居老年人的吃饭问题，并联合社区养老驿站为独居老年人提供送餐服务，争取让每位独居老年人都能吃到可口的饭菜。

4. 爱心义诊

老年社会工作者联合社区卫生服务中心定期开展常见病健康知识讲座暨义诊活动，为居民测量血压、血糖，并对测量结果进行登记，让居民能够及时了解自己的身体状况。同时，对于出行不便、无法在义诊现场进行健康检查的独居老年人，医疗团队可提供上门服务。“我在大慧寺社区生活了几十年，不管遇到什么事情，找社区总能找到对策，让人很安心。”刚测完血压的张奶奶说道。

该社区表示，接下来将继续关注独居老年人的实际生活需求，以务实的态度、暖心的举措周到服务每一位独居老年人，营造“老吾老以及人之老”的社区氛围。

（资料来源：王婷婷，《暖心服务关爱独居老人 多措并举守护人间温情》，海淀文明网，2023年10月11日）

3. 重视非正式照顾

社区照顾模式认为，社区中有各种各样的人际关系网，这些人际关系网可以为老年人提供精神与物质上的支持，帮助老年人维持正常的生活。因此，在社区照顾模式下，老年社会工作者十分重视动员非正式支持网络中的照料者（如家属、朋友、邻里等），鼓励他们支援和协助老年人解决问题。

（二）社区照顾模式的实施策略

1. 在社区照顾

不同社区照顾实施策略的优缺点

在社区照顾是指将老年人置于社区内照顾，使老年人能够在熟悉的环境中生活，从而逐渐融入社区。在社区照顾的形式主要有以下三种：

（1）将住在机构的老年人迁回他们熟悉的社区中生活，并为其

提供入户探访、定期电话慰问等社区服务。

（2）将社区内的大型机构改造为更接近社区的小型机构，如老年人庇护所。

（3）将远离市区的大型机构迁回社区内，使老年人有机会融入社区，同时也方便亲友探访。

2. 由社区照顾

由社区照顾是指老年人在家接受家属、邻里、志愿者等的照料，主要包括简单的康复训练和护理服务。由社区照顾策略的实施依赖于老年人的社会支持网络，包括以下三种：

（1）提供直接服务的网络。这类社会支持网络多以地域为基础，涵盖同一个社区内的家属、邻里、志愿者等。例如，老年社会工作者动员社区内的律师为有需要的老年人提供法律咨询服务，动员志愿者探访社区内的独居老年人等。

（2）老年人自身的互助网络。老年社会工作者可以建立老年人互助小组（如糖尿病老年人互助小组），引导小组内的老年人以助人自助的方式相互支持。

（3）社区紧急支援网络。这类社会支持网络是为了帮助老年人应对突发状况而建立的，如由社区居委会、街道办事处、派出所、社区医院等组成的支援网络。

3. 对社区照顾

当社区和老年人家属的力量不足以开展社区照顾时，老年社会工作者应为老年人链接其他社区支援性服务资源，如日间医院、日间照料中心、多元化老年人社区服务中心等。只有提供完善的服务，老年社会工作者才能辅助社区把需要照顾的老年人留在社区中生活。

课堂互动

下列做法分别体现了社区照顾模式的哪种实施策略？

（1）动员志愿者帮助老年人打扫卫生。

（2）在社区内建立老年人日间照料中心。

（3）为老年人申请在家中安装电铃呼叫系统。

（4）组建慢性病老年患者互助小组。

任务实施

为社区选择合适的服务模式

【任务描述】

小齐决定在本项目任务一任务实施中的K、P、W三个社区开展老年社区工作，请帮助他选择合适的服务模式。

【任务要求】

（1）学生按照本项目任务一任务实施中的分组情况进行分组。

（2）各小组根据本小组所选案例的具体情况，为案例中的社区选择合适的服务模式，并就以下问题进行讨论：① 为什么选择该服务模式？② 该服务模式的特点有哪些？③ 该服务模式的实施策略有哪些？

（3）小组长汇总、整理讨论结果，并在课堂上进行分享。

（4）主讲教师对各小组的表现进行点评。

任务三 掌握老年社区工作的基本流程

任务导入

确定了服务模式后，小李立刻向A社区养老服务中心提出申请，和老王一起组建了工作团队。在与团队成员认真讨论了各自的工作内容后，小李和老王在A社区各个小区的门口张贴了近期要开展老年社区工作的通知，并通过广播、小区微信群等进行了宣传。

为了确定A社区的具体问题和需求，小李还对社区老年人进行了访谈，并发放了有关老年人情况和老年人照顾意见的问卷。与此同时，小李与社区居委会和社区老年人协会取得了联系，就开展老年社区工作达成了共识。

在明确工作目标的基础上，小李同团队成员一起制订了详细的老年社区工作方案，安排了招募和培训志愿者、入户探访老年人、动员社区居民捐赠活动物资、陪伴独居老年人外出、协助老年人就医等活动。

随着活动的顺利推进，一些老年人得到了社区居民、社会爱心人士、志愿者等多方的支持和帮助，逐渐建立起了社会支持网络。社区老年人彼此之间也更加熟悉，形成了邻里守望相助的良好氛围。

思考：

（1）老年社会工作的基本流程是什么？

（2）进入社区的方式有哪些，小李是如何顺利进入社区的？

（3）如何制订老年社区工作计划？

老年社区工作是解决社区问题、满足社区需求的过程，其基本流程包括进入社区、熟悉社区、建立和管理社区组织、制订老年社区工作计划、实施老年社区工作计划和评估老年社区工作。

一、进入社区

（一）进入社区前的准备工作

老年社会工作者在进入社区前，应了解自己所在的机构、自己的工作内容和同事。

1. 了解自己所在的机构

老年社会工作者在开展工作时离不开自己所在机构的支持，只有充分了解所在机构，才能采取合适的工作策略，更好地发挥机构的优势。

老年社会工作者可从以下两个方面了解自己所在的机构：

（1）机构的服务理念。机构的服务理念会在一定程度上影响老年社会工作者的工作方法。例如，当机构更加重视提供具体服务时，老年社会工作者就会倾向于整合专业人员替社区解决问题；当机构更加重视提高社区整体能力时，老年社会工作者就会倾向于动员社区居民、发掘社区资源，与社区一起解决问题。

（2）机构的知名度、影响力和声誉等。老年社会工作者可以根据这些信息判断机构在社区中的定位，了解机构与社区中其他组织之间的关系，从而采用合适的方法与其他组织打交道。

2. 了解自己的工作内容

老年社区工作通常是以团队形式开展的，团队中的工作人员都有各自的专业技能，并承担相应的职责。老年社会工作者应明确自己在团队中的位置，了解自己的工作内容，充分发挥自己在岗位上的价值。

3. 了解同事

每个人都是团队中不可或缺的一部分，老年社会工作者应与同事相互了解、相互信任，重视他人在团队中的作用，推动团队更加高效地完成工作。

（二）进入社区的方式

为了顺利进入社区，老年社会工作者应不断加深社区老年人、社区组织对老年社区工作的认识，并与他们建立良好的关系。老年社会工作者进入社区的方式一般有以下几种。

1. 广泛接触社区老年人

老年社会工作者可以经常在社区中（尤其是社区广场、花园等地方）走动，主动与社区老年人打招呼、聊家常，还可以介绍自己的工作职责、征询社区老年人的意见等，通过各种互动方式减少社区老年人的抵触和抗拒心理。

2. 积极介入社区事务

当社区中出现亟待解决的问题时，老年社会工作者可以积极参与讨论，提供专业的意见和建议，并在自己的能力范围内提供相应的帮助，从而让社区老年人了解到老年社会工作者所在机构的服务理念、服务内容和资源状况，对老年社会工作者产生信任感和依赖感。

3. 积极举办并参与社区活动

老年社会工作者可以举办一些社区活动，如养生保健知识讲座、趣味运动会、包粽子比赛（见图 4-4）等，邀请社区老年人参加，并积极与他们互动，以增进彼此的感情，建立友好关系。同时，老年社会工作者还可以在活动中介绍所在机构的服务情况，树立所在机构的良好形象。

图 4-4　包粽子比赛

4. 合理利用社区媒介

社区媒介既包括社区宣传栏、社区刊物等传统媒介，也包括社区网上论坛、社区微信公众号和微信群、社区微博等互联网平台。老年社会工作者可以在这些社区媒介上及时发布和更新工作计划、机构动态信息、服务宣传稿等，吸引社区老年人参加相关活动，以增进社区老年人对机构的了解。

二、熟悉社区

在这一阶段，老年社会工作者应对社区进行调查，以了解社区的基本情况，确定社区的问题和需求。

（一）调查社区的基本情况

进入社区后，老年社会工作者应了解社区的基本情况，主要包括以下几个方面。

1. 社区的地理环境

老年社会工作者应了解社区地理环境的相关信息，包括社区的位置、范围、环境设计与土地利用情况、交通和通信网络、基础设施等。

需要注意的是，社区范围并没有明显的界线，社区居民往往会根据自己日常生活的范围、重要的生活场所、公共地标等界定自己所在社区的范围。在老年社区工作中，老年社会工作者可邀请社区居民共同确定社区的具体范围。

2. 社区的人口状况

社区的人口状况包括社区人口的数量、年龄分布、性别比、流动状况等。一般来说，老年社会工作者可以从社区居委会或派出所直接获取社区的人口状况信息，也可以通过入户调查来了解社区中常住人口的状况。了解社区的人口状况，有利于老年社会工作者初步了解社区中的邻里关系，发掘社区的潜在需求。

3. 社区的资源状况

社区资源一般包括人力资源、物力资源和财力资源。其中，人力资源包括社区中所有个人的体力、技术、助人意愿和人际关系等；物力资源包括可用于社区服务的公共设施、教育机构、医疗单位、商业场所等；财力资源主要指可用于老年社区工作的资金，一般来源于政府支持、社会捐助和服务收费。老年社会工作者应了解这些资源的数量、利用情况、对居民的影响等。

老年社会工作者在了解社区的地理环境、人口状况、资源状况时，应注意与政府部门和社区组织建立良好的合作关系。例如，主动向政府部门提供工作计划、动态信息、财务报告等，通过座谈会、表彰会等方式对给予帮助的社区组织表达感谢。

4. 社区的权力结构

社区的权力结构是指社区的决策权力在各个阶层的分配和运用情况。了解社区的权力结构，有利于老年社会工作者为将来整合社区资源、组织社区活动奠定基础。老年社会工作者可以通过以下方式了解社区的权力结构：

（1）通过社区居委会、街道办事处了解社区中有哪些权力主体，如社区党组织、物业公司、业主委员会、居民互助小组等。

（2）积极参与社区活动、广泛接触社区居民，了解不同权力主体对社区的影响力。

（3）通过观察、访问各类社区组织的领导者，确定哪些人在社区中具有较大的影响力、哪些人有能力找到社区需要的资源等。

5. 社区的文化特色

了解社区的文化特色，有利于老年社会工作者更深入地了解社区，并举办更多社区老年人喜闻乐见的活动。老年社会工作者可以通过调查以下问题了解社区的文化特色：① 社区中有哪些文化价值、文化传统或者信念？② 这些文化价值、文化传统或者信念对社区居民具有哪些影响？③ 社区居民普遍重视哪些习俗或者活动？

（二）确定社区问题和社区需求

在了解社区的基本情况后，老年社会工作者应对相关资料加以整理，从而确定社区问题和社区需求，为制订老年社区工作计划提供参考。

1. 确定社区问题

老年社会工作者应按照以下步骤确定社区问题：① 将社区问题记录下来，包括出现社区问题的时间和地点、社区问题的性质和类型等；② 列出社区问题的关键点，以分析出现社区问题的原因、社区问题发展的过程；③ 描述社区问题对社区老年人造成的影响。

小贴士

社区问题往往是客观事实和社区老年人的主观感受共同作用的结果，因此老年社会工作者在描述社区问题时，不仅要关注客观现象，还要关注社区老年人的感受。当社区老年人对某种现象感到不满或担心时，该现象有可能会导致某种社区问题。

2. 确定社区需求

社区需求一般包括规范性需求、感觉性需求、表达性需求和比较性需求四种类型。

（1）规范性需求。规范性需求是指基于特定标准产生的需求。例如，国务院办公厅印发的《"十四五"城乡社区服务体系建设规划》中指出，到2025年末，农村社区综合服务设施覆盖率应达到80%。当某农村社区综合服务设施覆盖率未达到80%时，该社区就会产生规范性需求。规范性需求一般由对现有规定较为了解的专业人员提出。

拓展阅读

"十四五"城乡社区服务体系建设主要指标

《"十四五"城乡社区服务体系建设规划》中指出，到2025年末，党建引领社区服务体系建设更加完善，服务主体和服务业态更加丰富，线上线下服务机制更加融合，精准化、精细化、智能化水平持续提升，社区吸纳就业能力不断增强，基本公共服务均等化水平明显提升，人民群众操心事、烦心事、揪心事更好解决，获得感、幸福感、安全感不断增强。表4-2中列举了"十四五"城乡社区服务体系建设主要指标。

表4-2　"十四五"城乡社区服务体系建设主要指标

序号	指标	2020年基期值	2025年目标值
1	农村社区综合服务设施覆盖率	65.7%	80%
2	城市社区综合服务设施覆盖率	100%	100%
3	社区商业和综合服务设施面积占社区总建筑面积的比例	—	≥10%
4	每百户居民拥有社区综合服务设施面积	29.8 m^2	≥30 m^2
5	居民活动区域面积占社区综合服务设施总建筑面积比例	—	≥60%
6	城市社区政务通用自助服务覆盖率	—	100%
7	每万城镇常住人口拥有社区工作者	15人	18人

（2）感觉性需求。感觉性需求通常源于社区老年人对现状的主观感受。社区老年人在某种需求未得到满足时，一般会产生失落、愤怒、无助等复杂的感受，此时老年社会工作者可

以通过访问的方式引导社区老年人表达自己的感受，提出自己的需求。

小贴士

老年人的感觉性需求有时是不切实际的，老年社会工作者在了解老年人的感觉性需求时，既要尊重老年人，又要从自身专业出发，为老年人提供切实的建议，力求与老年人达成共识。

（3）表达性需求。表达性需求是指通过社区老年人的实际行动表现出来的需求。例如，社区老年人需要排队使用健身器材，说明社区健身器材数量不足；社区老年人经常无所事事，说明老年社会工作者需更加重视老年人社区参与；等等。老年社会工作者应密切关注社区老年人，以挖掘其表达性需求。

（4）比较性需求。比较性需求是指基于比较产生的需求。例如，A 社区提供居家养老服务，与 A 社区类似的 B 社区却没有提供此项服务，那么 B 社区的老年人就会产生对居家养老服务的需求。比较性需求既可以由社区老年人直接提出，也可以由老年社会工作者进行调查、比较后提出。

课堂互动

某社区的老年人较多，其中大多数是已经退休的教职工，具备一定的体育运动专业特长，身体状况普遍较好。这些老年人退休后，有的继续从事着不同的职业，有的无所事事，只能在社区里和其他老年人闲聊。该社区属于某行政机关管辖范围，社区内设有家属委员会，由家属委员会行使居民自治管理职能，但家属委员会职能不明确、人员配备不齐全，导致社区内部管理十分混乱。

讨论：该社区老年人的需求有哪些？

三、建立和管理社区组织

社区组织是指为解决社区问题而有计划、有目的地建立起来的各种组织。社区组织主要有以下三种类型：① 以社区为管理对象的组织，如社区党组织、政府下派在社区承担相关管理职能的组织；② 社区居民自治组织，如居民委员会、业主委员会；③ 在社区中活动并承担某种社区事务管理职能的组织，如社区社会组织、物业组织。通过建立和管理社区组织，老年社会工作者可以更好地整合社区居民的集体力量，提高社区的整体能力，推动社区良性发展。

（一）建立社区组织

如何建立社区组织

一般来说，老年社会工作者可以与社区的既有组织建立良好的关系，充分利用既有组织的力量。当这些既有组织无法解决社区问题时，老年社会工作者可以建立新的社区组织。

建立社区组织的重点是招募社区组织成员。老年社会工作者在招募社区组织成员时，应按照社区组织管理办法的规定确定组织成员的人数。如果无法在短时间内招募到合适的组织成员，老年社会工作者可以先邀请几位热心的社区居民一起讨论社区事务，然后视情况增加人数。

（二）管理社区组织

管理社区组织是一项较为复杂的工作，其主要内容如下。

1. 订立社区组织规则

在建立组织后，老年社会工作者应与组织成员一起订立组织规则。组织规则既可以是正式的组织章程，也可以是口头约定，其内容一般包括组织性质、组织目标、组织宗旨、组织结构、活动开展方式等。

2. 推选社区组织领导者

每个社区组织都应有一位领导者，以统筹组织的日常运作。社区组织领导者应具有某方面的才能，愿意投入时间和精力开展社区组织工作，而且能够得到其他组织成员的普遍认可和支持。

3. 确定分工

为了提高社区组织的工作效率，老年社会工作者应与组织成员一起确定组织分工，如根据服务项目或服务对象设立不同的工作小组，再由各工作小组负责不同的工作内容。

4. 筹集资金

社区组织开展活动需要一定的资金，老年社会工作者应根据活动的性质采用合适的方式筹集资金。例如，在开展老年人义诊活动（见图 4-5）前，老年社会工作者可向政府部门申请资金、寻求基金会的捐助等；在开展节日庆祝活动前，老年社会工作者可争取个人或企业赞助。

图 4-5　老年人义诊活动

四、制订老年社区工作计划

老年社区工作计划是指老年社会工作者为解决社区问题、满足社区需求而制订的行动方案。为了保证老年社区工作顺利开展，老年社会工作者可以按照以下步骤制订老年社区工作计划。

（一）明确目标

在确定老年社区工作目标时，老年社会工作者应鼓励社区老年人表达自己对老年社区工作的期望。当社区老年人与老年社会工作者对工作目标的看法不一致时，老年社会工作者应积极与社区老年人协商，直至双方达成共识。如果无法达成共识，老年社会工作者应充分尊重社区老年人的意见，在综合考虑目标可行性的基础上，以社区老年人认为重要的目标为主要工作方向。

此外，在明确总目标后，老年社会工作者应根据不同阶段的具体情况确定阶段目标，以推动老年社区工作有序进行。

（二）设计方案

老年社会工作者应根据老年社会工作目标设计具体、详细的工作方案，其内容主要包括老年社区工作的服务对象、服务内容、服务模式、预算、预期成效等。在设计方案时，老年社会工作者应注意以下几点：

（1）考虑服务对象的特点、能力、兴趣、生活方式、社区关系网络等。

（2）充分评估自身和机构的能力。

（3）合理填写工作进度表。为了保证工作顺利开展，老年社会工作者应明确各阶段的工作任务和时间期限，合理安排每个阶段的服务内容。例如，老年社会工作者小李计划在A社区开展关爱独居老年人的服务工作，表4-3为其填写的工作进度表。

表4-3　A社区关爱独居老年人服务工作进度表

节次	工作任务	时间	服务内容	负责人
1	活动宣传	2024年3月18—21日	（1）介绍社区情况和机构情况 （2）老年歌舞团才艺表演	
2	对志愿者进行培训，壮大服务队伍	2024年3月22—27日	（1）开展志愿者服务培训会 （2）带领志愿者入户探访，收集老年人信息	
3	开展社区活动，调动老年人的积极性，帮助老年人融入社区	2024年4月3日—6月3日	举办故事会、制作家乡菜、趣味运动会、象棋比赛、文艺演出等主题活动	
4	将独居老年人的问题放入社区议题之中，实现居民自治	2024年6月6日—9月6日	（1）链接社区资源，为行动不便的独居老年人提供保洁服务 （2）慰问新入住社区的独居老年人，增进其对社区的了解 （3）建立社区独居老年人档案，通过楼组互助等形式为老年人提供帮助 （4）为老年人提供一对一服务，陪老年人聊天、读书等 （5）对有需要的独居老年人进行心理辅导	

五、实施老年社区工作计划

实施老年社区工作计划的过程可分为筹备阶段和开展阶段，具体如下。

（一）筹备阶段

在筹备阶段，老年社会工作者应做好以下工作：

（1）通过培训会、动员会等方式让所有参加老年社区工作的人员提前了解工作目标和具体的工作安排，并对预期成效达成共识。

（2）准备所需物品，如活动道具、奖品、纪念品、抽奖箱（见图 4-6）、指示牌等。

（3）布置活动场地，使其舒适、安全、美观。

（4）针对个别服务环节进行预演，以免服务中出现意外情况。

图 4-6　抽奖箱

（二）开展阶段

在开展阶段，老年社会工作者要各就其位、各司其职，重点做好以下工作：

（1）礼貌接待媒体记者、社区老年人及其家属等人员，引导其签到、入座。

（2）做好必要的安检工作和流动观察工作，确保活动秩序良好，保障现场人员的人身和财产安全。

（3）密切关注现场老年人的需求，并根据其需求提供相应的服务。

（4）根据工作目标和活动实施情况合理控制活动节奏，突出活动的关键节点，以达到最佳效果。例如，在需要思考或讨论的环节，可以放慢节奏，给老年人足够的思考时间。

（5）及时处理突发状况，适时调整活动计划。例如，如果在开展户外活动时突然下雨，应立即停止活动，将现场人员和设备有序转移至室内；如果在某个环节所花时间超出预期，可以适当缩短休息时间；等等。

课堂互动

当出现以下突发状况时，老年社会工作者应如何应对？

（1）活动主持人由于堵车不能及时赶到现场。

（2）开展室内活动时突然停电。

（3）一位老年人在活动中意外受伤。

六、评估老年社区工作

评估老年社区工作，有助于老年社会工作者了解工作中的问题和困难，总结工作经验，从而改进与完善工作过程。

评估老年社区工作的步骤包括确定评估目标、建立评估标准、设计评估方案、收集与分析资料、运用评估结果。

（一）确定评估目标

不同社区有不同的问题和需求，老年社会工作者应根据社区的具体情况确定评估目标。

（二）建立评估标准

在明确评估目标后，老年社会工作者应建立评估标准，使工作成果可以以某种指标来衡量。评估标准往往由多个指标构成，老年社会工作者应注意选择适当的指标，再根据各指标的重要性确定各指标的权重。

（三）设计评估方案

评估方案的内容应包括评估对象、评估人员、评估时间、评估内容、评估形式、评估方法等。老年社会工作者在设计评估方案时，应注意以下两点：

（1）设置对照组。老年社会工作者可以将没有受到老年社区工作影响的群体设置为对照组，以证实服务对象的某种变化确实是老年社区工作导致的。

（2）选择合适的评估时间。一般情况下，老年社会工作者应在工作结束后及时进行评估，以减少外界环境可能造成的影响。但如果要关注长期效果，则可在工作结束一段时间之后再进行评估。

（四）收集与分析资料

老年社会工作者可以采用问卷法、访谈法、观察法等收集评估所需的资料，再对资料进行定量或定性分析，然后根据分析结果对老年社区工作进行评估。

（五）运用评估结果

评估结果反映了老年社区工作的实施情况，老年社会工作者可以将评估结果告知服务对象、机构、合作方等，帮助相关人员较为全面地了解工作成效。

任务实施

模拟老年社区工作的基本流程

【任务描述】

请为本项目任务二任务实施中的社区设计老年社区工作的服务流程，并以小组为单位进行情景模拟。

【任务要求】

（1）学生按照本项目任务一任务实施中的分组情况进行分组。

（2）各小组根据本小组所选案例的具体情况，设计老年社区工作的服务流程。注意：服

务流程应包括进入社区、熟悉社区、建立和管理社区组织、制订老年社区工作计划、实施老年社区工作计划、评估老年社区工作。

（3）小组长进行任务分工，小组成员分别扮演社区中的老年人、老年社会工作者及其他团队成员，并在课堂上模拟上述服务流程。各小组的模拟时间不超过 20 分钟。

（4）小组长将本小组的模拟过程录制下来，并将视频提交给主讲教师。

任务四　熟悉老年社区工作的技巧

任务导入

为了进一步扩大社区参与、促进社区融合，小李计划发掘社区中有助人意愿、有时间和精力的老年人做志愿者，并对他们进行培训。

小李将现有志愿者分为三组，每组选出一名组长，由组长负责统筹本组志愿者为社区老年人讲解志愿者服务理念、志愿者服务技巧等方面的内容。

此外，为了鼓励更多老年人参与志愿活动，小李还根据社区老年人的特点建立了相应的激励机制。例如，为参加志愿者培训课程的社区老年人计分，每计满 5 分即可换购大米、食用油等生活用品；为参加志愿活动的老年人颁发志愿服务证书；等等。

通过上述行动，A 社区不仅增加了许多老年志愿者，还出现了一批老年骨干，他们民主意识较强，还具备一定的管理能力，带动越来越多的社区老年人参与社区活动，使得整个社区的气氛都活跃了起来。

思考：

为了培养老年志愿者，小李运用了哪些技巧？

一、培养老年志愿者的技巧

老年社会工作者可以通过确定培训内容、建立激励机制、发挥优秀志愿者的示范引领作用等措施培养老年志愿者，不断发展和壮大志愿者队伍。

（一）确定培训内容

老年社会工作者可以根据社区问题和社区需求确定培训内容。一般来说，培训内容应包括服务内容、服务时间（即志愿者实际提供志愿服务的时间，以小时为单位计量，不包括往返交通时间）、服务礼仪、沟通技巧、本次老年社区活动的基本信息（如时间、地点、流程等），以及与本次老年社区活动有关的知识和技能、急救常识等。

你做过志愿者吗？你参加的志愿者培训包括哪些内容？

（二）建立激励机制

为了提高老年志愿者的积极性和参与度，老年社会工作者可以建立一套相对完善的激励机制，如提供志愿者服务记录、颁发志愿服务证书、评选优秀志愿者、给予一定的绩效奖励等。

志愿者服务记录是指依法成立的志愿服务组织、公益慈善类组织等以纸质材料和电子数据等载体记录的志愿者参加志愿服务的信息。志愿者服务记录的内容一般包括志愿者的个人基本信息、志愿服务信息、培训信息、表彰奖励信息、被投诉信息等。

（三）发挥优秀志愿者的示范引领作用

老年社会工作者可以表彰优秀志愿者，宣传优秀志愿者的典型事迹，以激励更多社区老年人加入志愿者队伍。同时，老年社会工作者可以鼓励老年志愿者与其他社区居民建立良好的关系，以带动更多人参与志愿服务。

二、与社区老年人接触的技巧

（一）选择合适的接触对象

在接触社区老年人时，老年社会工作者应明确自己的出发点，并据此选择合适的接触对象。同时，为了更快、更有效地与社区老年人建立信任关系，老年社会工作者可以优先选择已经认识的老年人，或者请熟悉的社区居民为自己引见。

（二）做好接触准备

老年社会工作者在初次接触社区老年人时，应注意个人形象，以便给对方留下整洁、大方、可信任的印象。此外，老年社会工作者应提前了解所接触老年人的基本情况，确认见面的时间和地点，避免迟到。

（三）主动介绍

老年社会工作者应向老年人介绍自己所在机构的服务情况、地理位置等基本信息。必要时，老年社会工作者可以向老年人出示工作证，主动展示一些活动资料，以消除老年人的疑虑。同时，老年社会工作者应清晰地介绍自己与老年人接触的目的，直接、简单地表达对

老年人的关怀。在向老年人介绍时，老年社会工作者应注意保持耐心，不要与老年人发生争执。

（四）展开话题

老年社会工作者可以通过一些老年人熟悉的人或事展开话题，帮助老年人放松下来，如与老年人谈论其子女、称赞老年人精神状态好、询问老年人近期的活动安排等。老年社会工作者与老年人交谈时，应注意使用通俗易懂的语言，不要直接谈论对老年人来说较为敏感的话题，如个人财产、家庭矛盾等。

（五）灵活运用会谈技巧

在谈话过程中，老年社会工作者可以运用积极倾听、专注、鼓励、同感等技巧，使老年人感受到被理解和被尊重，从而推动对话不断深入。

三、社区资源分析的技巧

对社区资源进行分析，可以帮助老年社会工作者更好地掌握社区资源状况。老年社会工作者在进行社区资源分析时，可以运用填写社区资源分析表、绘制社区资源地图、建立社区资源档案等技巧，具体内容如下。

（一）填写社区资源分析表

老年社会工作者可以根据社区人力资源、物力资源、财力资源的现状填写社区资源分析表（见表 4-4），在此基础上对社区资源做进一步分析。

表 4-4　社区资源分析表

资源类型	老年社区工作中所需的资源	现有资源			缺少的资源		备注
		已利用的资源	未利用的资源	无法利用的资源	可开发的资源	无法开发的资源	
人力资源							
物力资源							
财力资源							

（二）绘制社区资源地图

老年社区工作者可以结合现有资源在社区内外的地理分布、收费标准、服务质量等绘制社区资源地图，直观地呈现各项资源的位置、交通便利程度、利用成本等信息，以便能够以最便捷、最实惠的方式获取某项资源。

在绘制社区资源地图时，老年社会工作者既可以在测绘部门提供的地图上标注，也可以手绘。此外，老年社会工作者还可以举办社区资源地图绘制活动，邀请社区居民参与其中，

这样既可以通过社区居民发现一些未登记的资源，又可以帮助社区居民熟悉社区资源。

（三）建立社区资源档案

老年社会工作者可以对社区资源进行整理和归类，然后针对每一项有价值的社区资源建立档案。社区资源档案的内容一般包括社区资源的类型、提供社区资源的单位或个人名称、提供社区资源的条件等。

四、培养社区老年骨干的技巧

在老年社区工作中，老年社会工作者需要与社区老年人建立相互信任的关系，以便组织社区老年人开展社区活动。因此，老年社会工作者应积极培养社区老年骨干。

（一）鼓励社区老年骨干参与社区工作

社区老年骨干通常具有一些优秀的特质，如热爱集体、善于交友、乐于助人、勇于面对困难、思想开放、自我认同感强等。老年社会工作者发现具有此类特质的老年人后，可以主动邀请他们参与老年社区工作，并对有突出表现的老年人给予鼓励和肯定。

（二）培养社区老年骨干的民主意识

社区老年骨干应树立民主意识，尊重社区居民的意愿，并自觉接受社区居民的监督。因此，老年社会工作者可以与社区老年骨干一起组织社区会议，协商和讨论社区问题，在这个过程中增进其对民主原则的理解，培养其民主意识。

拓展阅读

组织社区会议的技巧

组织社区会议能够将社区老年人聚集起来，引导其讨论问题、表达想法、交换意见、商定行动计划等。组织社区会议时，老年社会工作者应做好以下工作：

（1）会前：明确会议目的，安排会议流程，确认并通知参会人员，布置会议场地，准备会议资料，做好会前接待。

（2）会中：营造平等、轻松的会议氛围，控制会议进程，观察参会人员的反应，及时归纳和总结会议要点。

（3）会后：整理会议记录，将有关会议的重要内容通知未到场人员，准备执行会议决议。

（三）提高社区老年骨干的管理能力

社区老年骨干应具备一定的管理知识，可以合理安排工作任务，通过权责分工提高工作

效率。因此，老年社会工作者可以通过示范、训练、教导等方式使社区老年骨干意识到分工合作的重要性，提高其管理能力。

任务实施

分析老年社区工作的技巧

【任务描述】

主讲教师开展主题班会，并引导学生讨论各小组在老年社区工作技巧运用方面的优点与不足。

【任务要求】

（1）学生按照本项目任务一任务实施中的分组情况进行分组。

（2）在开展主题班会前，小组长组织本小组成员观看所有小组的情景模拟视频。

（3）在主题班会上，小组长组织本小组成员根据所学知识讨论、分析各小组在老年社区工作技巧运用方面的优点与不足，并投票选出在老年社区工作技巧运用方面表现最好的小组。注意：每小组仅有一票，且不能将该票投给本小组。

（4）主讲教师公布投票结果并对各小组的表现进行点评。

学习成果自测

1．填空题

（1）老年社区工作的内容包括____________________、扩大社区参与、促进社区融合、____________________。

（2）在社会策划模式中，____________________居于主要位置。

（3）社区照顾模式的实施策略主要包括____________________、____________________、____________________三种。

（4）老年社会工作者在进入社区前，应了解____________________、自己的工作内容和同事。

（5）社区需求一般包括______________、______________、表达性需求和比较性需求四种类型。

2．单项选择题

（1）下列选项中，（　　）不属于扩大社区参与的措施。

A．培养社区老年人参与社区公共事务的意识，提高社区老年人的参与能力

B．协助社区党组织和社区居民自治组织动员社区老年人参与社区协商

C．组织策划社区志愿服务项目，引导社区老年人参与社区志愿服务

D．为老年人提供生活照料、精神慰藉、危机干预、关系调适等服务

（2）老年社会工作者在社区开展了一系列宣传活动，动员社会组织、驻社区单位等多方力量参与社区建设，这体现了老年社区工作的（　　）原则。

A．注重老年人的需求　　B．充分利用资源

C．发挥专业技能　　D．积极看待老年人

（3）在与社区老年人接触时，老年社会工作者不宜（　　）。

A．灵活运用积极倾听、专注、鼓励、同感等技巧

B．优先接触曾经认识的老年人

C．与老年人讨论一些敏感问题，帮助老年人脱敏

D．主动介绍自己所在机构的服务情况、地理位置等基本信息

（4）通过（　　），老年社会工作者可以直观地了解社区各项资源的位置、交通便利程度、利用成本等。

A．社区资源地图　　B．社区资源分析表

C．社区资源档案　　D．社区资源对照表

3．简答题

（1）什么是老年社区工作，老年社区工作具有哪些内涵？

（2）简述老年社会工作者进入社区的方式。

（3）老年社会工作者应如何确定社区问题？

（4）如何实施老年社区工作计划？

（5）简述培养老年志愿者的技巧。

请进行学习成果评价，并将评价结果填入表 4-5 中。

表 4-5　学习成果评价表

<table>
<tr><td>班级</td><td></td><td>组号</td><td></td><td>日期</td><td></td></tr>
<tr><td>姓名</td><td></td><td>学号</td><td></td><td>主讲教师</td><td></td></tr>
<tr><td>项目名称</td><td colspan="5">老年社区工作</td></tr>
<tr><td>评价项目</td><td colspan="3">评价内容</td><td>满分</td><td>评分</td></tr>
<tr><td rowspan="4">理论知识（40%）</td><td colspan="3">老年社区工作的含义、内容和原则</td><td>8</td><td></td></tr>
<tr><td colspan="3">老年社区工作的服务模式</td><td>12</td><td></td></tr>
<tr><td colspan="3">老年社区工作的基本流程</td><td>12</td><td></td></tr>
<tr><td colspan="3">老年社区工作的技巧</td><td>8</td><td></td></tr>
<tr><td rowspan="2">实践技能（40%）</td><td colspan="3">能够结合实际情况，合理选择老年社区工作的服务模式</td><td>10</td><td></td></tr>
<tr><td colspan="3">能够按照专业流程开展老年社区工作，并合理运用老年社区工作的技巧</td><td>30</td><td></td></tr>
<tr><td rowspan="4">综合素养（20%）</td><td colspan="3">乐于学习，勤于学习，善于学习</td><td>5</td><td></td></tr>
<tr><td colspan="3">具备团队精神，积极与他人合作</td><td>5</td><td></td></tr>
<tr><td colspan="3">做尊老、敬老、爱老、助老的倡导者和践行者</td><td>5</td><td></td></tr>
<tr><td colspan="3">始终秉持“以人为本、助人自助”的专业价值观</td><td>5</td><td></td></tr>
<tr><td colspan="4">合计</td><td>100</td><td></td></tr>
<tr><td>自我评价</td><td colspan="5"></td></tr>
<tr><td>教师评价</td><td colspan="5"></td></tr>
</table>

项目五
老年社会工作行政

项目引言

近年来，我国老龄工作取得显著成效，持续完善居家为基础、社区为依托、机构为补充、医养相结合的养老服务体系成为重要的发展方向。老年社会工作行政作为老年社会工作的间接方法之一，直接关系到我国老龄工作的质量和效果。积极推进老年社会工作行政，既有利于落实老年社会政策，也有利于合理配置社会资源，为老年人提供更完善的保障。

知识目标

- 理解老年社会工作行政的含义和特点。
- 熟悉老年社会工作行政的功能。
- 熟悉老年社会工作行政组织体系。
- 掌握老年社会工作行政的基本流程。

素质目标

- 深刻认识老年社会工作行政的重要性和必要性，为完善政府主导、社会参与、全民普惠的养老服务格局贡献力量。
- 坚持系统观念，从全局的视角开展老年社会工作行政，通过合理协调机构内部各部门的关系、机构与其他组织的关系，助力机构整体目标的实现。

任务一　认识老年社会工作行政

任务导入

××市政府出台了《关于推进居家养老服务工作的实施意见》《关于在全市开展居家养老服务工作的实施方案》等政策。

为了更好地落实相关政策，A社区养老服务中心计划启动居家养老服务提升行动项目，为符合条件的老年人提供家庭养老床位建设、生活照料、健康管理、委托代办等服务。A社区养老服务中心的行政主任方某为了鼓励相关工作人员就如何实施该项目建言献策，在服务中心设置了针对该项目的意见箱。同时，方某计划在三天后组织召开如何实施居家养老服务提升行动项目的研讨会，并提前打印了政策文件，供大家学习和了解。

收到方某准备的资料并认真阅读后，小李对相关政策有了基本的了解，但她对A社区养老服务中心在项目中承担了怎样的责任、可以调动哪些资源、如何落实这些政策等问题感到十分困惑。思来想去，小李认为只有先了解老年社会工作行政的内容、特点、功能等基础知识，才能针对以上问题提出具有建设性和针对性的建议，于是她立刻去查找相关资料。

思考：

（1）什么是老年社会工作行政？

（2）老年社会工作行政的功能有哪些？

一、什么是老年社会工作行政

老年社会工作行政是指老年社会工作行政人员（以下简称“行政人员”）通过机构内部的计划、组织、协调、控制等管理活动，实施老年社会政策，向有需要的老年人提供社会服务的过程。

老年社会工作行政一般包括以下内容：① 确定和修正机构的目标；② 调整老年社会工作计划；③ 协调各种关系，如机构内部关系、机构与服务对象的关系等；④ 招募、任用、培养、考核工作人员；⑤ 管理各种资源；⑥ 记录、评估、报告工作情况；⑦ 向有关部门提出建议，推动老年社会政策的制定与完善。

二、老年社会工作行政的特点

（一）服务目标的非营利性

老年社会工作行政的执行过程就是将老年社会政策转变为具体的社会服务的过程，其目标在于最大限度、最合理地贯彻落实老年社会政策，具有非营利性。

小贴士

老年社会工作行政服务目标具有非营利性，并不代表老年社会工作行政属于无偿服务，机构可以根据相关规定合理收费。

（二）服务手段的专业性

行政人员通常都接受过专业教育和专业训练，掌握系统的工作理论和工作方法，能够在老年社会工作伦理和价值观的指导下，通过专业的服务手段，对社会服务活动进行计划、组织、协调和控制，从而保证社会服务活动顺利进行。

（三）介入过程的持续动态性

老年社会工作行政是一个持续性的动态过程，具体体现在以下几个方面：① 老年社会工作行政涉及的老年社会政策处于不断变化的过程中；② 老年社会工作行政所涉及的服务关系是在工作过程中逐渐建立起来的；③ 服务提供者和接受服务的老年人对社会服务的认识、评估是不断深化的。

（四）资源获取的依赖性

机构重视与政府部门和其他社会组织建立合作关系，并通过各种策略发掘和获取资源，以实现老年社会工作行政目标。因此，老年社会工作行政在资源获取方面具有一定的依赖性。

经典案例

依托政府资源，助老为老暖人心

为使困难老年人享受到便利的贴心服务，某市 8 家机构共同申报了市政府的居家养老上门服务项目。该项目以拥有该市户籍且在户籍所在地居住的分散供养特困人员、城乡低保户、低保边缘户、“三类户”中 60 周岁及以上的失能老年人和 80 周岁及以上的高龄老年人为服务对象，每月为服务对象提供不少于 4 小时的免费居家养老服务，包括助餐、助洁、助浴、助急、助医、助行等。

2023 年 3 月，该项目启动后，行政人员依托该市民政局搭建的全市智慧养老服务平台对该项目进行了全流程管理，具体如下：① 通过该服务平台查阅养老设施布局电子地图、可利用的养老资源（如可提供服务的社会组织）等信息；② 在该服务平台上对服务对象的社区分布、身体状况、家庭情况、具体需求等进行记录；③ 根据老年人的需求，远程安排服务人员提供上门服务，并实时记录上门服务人员的位置、服务时长、服务内容等；④ 通过电话回访或上门回访等方式确认老年人的需求是否得到满足。

同时，在政府补贴的支持下，各机构定期开展针对老年社会工作者的业务培训，重点讲解服务政策、服务规范、与老年人沟通的技巧等内容，不断提高老年社会工作者的综合素质；增加养老护理员和相关从业人员（如理发师、足疗师、水电工等）的数量，进一步扩大服务范围、提高服务质量；等等。

2023 年，该市居家养老上门服务项目共惠及全市 800 余名困难老年人，让老年人足不出户就能享受到专业化、零距离的贴心服务。

（五）管理者素质的综合性

管理者的综合素质会直接影响机构的目标、工作风格、资源链接方式等。合格的管理者一般具备较高的专业技能、管理能力和道德素质，能够将内在综合素质转化为有效行动，以适应机构的外部环境。

三、老年社会工作行政的功能

（一）落实社会政策

社会政策是指国家采取立法、行政手段制定的有关社会稳定与发展的基本方针或行动准则，如社会福利政策、社会救助政策等。行政人员在服务过程中，能够在深入理解这些政策的基础上制订详细的行动方案，并认真执行和落实社会政策，使有需要的老年人从中受惠。

（二）统筹社会服务

行政人员在服务过程中可以配置各种社会资源，营造良好的环境，以形成社会养老服务能力。此外，还可以监督社会养老服务过程，并对其进行评估，以提高服务效率。行政人员虽然不提供直接的、具体的社会养老服务，但能够计划、组织、协调和控制社会养老服务，对社会养老服务的效果有着直接的影响。

（三）完善社会政策

一项良好的社会政策通常具有以下两种特性：一是有效性，即实施该政策有助于提高社会福利水平，促进社会公平和社会进步；二是可行性，即该政策能够得到贯彻落实。判断一项老年社会政策是否具有以上特性，一方面需要依靠国家相关部门从理论上进行评价，另一方面需要行政人员通过实践进行检验。

一般来说，行政人员在实践过程中会加深对老年社会政策的理解，因此可以根据老年社会政策与实际情况之间的偏差总结经验，并向政策制定者提出意见和建议，协助修订与完善老年社会政策。

四、老年社会工作行政组织体系

老年社会工作行政组织体系主要由民政部和老年非营利组织两部分组成。其中，民政部起着统筹推进、监督管理的作用，各老年非营利组织则根据各自的职能，积极响应政府号召、回应社会需要，构成全社会共同参与的工作格局。

（一）民政部

民政部是主管有关社会行政事务的部门，负责贯彻落实党中央关于民政工作的方针政策和决策部署。《民政部职能配置、内设机构和人员编制规定（2023）》第三条第一款指出："将国家卫生健康委员会的组织拟订并协调落实应对人口老龄化政策措施、承担全国老龄工作委员会的具体工作等职责划入民政部。"

民政部下设养老服务司和老龄工作司，其主要职责如下：

（1）养老服务司：拟订并协调落实促进养老事业发展的政策措施，承担老年人福利工作，拟订老年人福利补贴制度和养老服务体系建设规划、政策、标准，协调推进农村留守老年人关爱服务工作，指导养老服务机构、老年人福利机构、特困人员救助供养机构管理工作。

（2）老龄工作司：承担全国老龄工作委员会办公室的具体工作。拟订并协调落实积极应对人口老龄化的政策措施，指导协调老年人权益保障工作，组织开展人口老龄化国情宣传教育，拟订老年人社会参与政策并组织实施，承担老年人口状况、老龄事业发展的统计调查工作。

拓展阅读

全国老龄工作委员会

全国老龄工作委员会于1999年10月经中共中央、国务院批准成立。2005年后，全国老龄办与中国老龄协会实行合署办公，在国内以全国老龄办名义开展工作，在国际上主要以中国老龄协会名义开展老龄事务的国际交流与合作。

2018年，中共中央印发《深化党和国家机构改革方案》，对重点领域和关键环节的机构职能进行优化和调整。组建国家卫生健康委员会，全国老龄工作委员会的日常工作由国家卫生健康委员会承担。民政部代管的中国老龄协会改由国家卫生健康委员会代管。

2023年，中共中央、国务院印发《党和国家机构改革方案》。全国老龄工作委员会办公室改设在民政部，强化其综合协调、督促指导、组织推进老龄事业发展职责。中国老龄协会改由民政部代管。

（二）老年非营利组织

我国的老年非营利组织包括老年社团组织、老年民办非企业单位、老年基金会等。

1. 老年社团组织

老年社团组织是指以组织老年工作为主要职责，以满足老年人需求为主要目的的社会组织，如中国老年人体育协会、中国老科学技术工作者协会、中国老年学和老年医学学会、中国老教授协会等。

2. 老年民办非企业单位

老年民办非企业单位是指由企业事业单位、社会团体和其他社会力量以及公民个人利用非国有资产举办的，从事非营利性社会服务活动的社会组织，如老年大学、民办敬老院、老年公寓、托老所、康复中心、民办研究院等。

3. 老年基金会

基金会是指利用自然人、法人或其他组织捐赠的财产，以从事公益事业为目的的非营利性法人组织，如中国老龄事业发展基金会。老年基金会主要开展老年社会福利、老年医疗卫生、老年体育、老年教育等领域的活动，旨在保障老年人合法权益，促进老年人社会参与。

经典案例

“琴川愉养”绘就幸福晚景

2024年7月21日，老年康复工程之“琴川愉养”助老公益项目实施一周年总结表彰大会在江苏省常熟市举行。老年康复工程是由中国老龄事业发展基金会于2021年发起并重点打造的助老公益品牌。自2021年起，中国老龄事业发展基金会针对老年康复工程，已与500余家机构合作，开展了上千场健康科普、慢病筛查等公益活动，受益老年人超10万人。该项目为解决老龄化问题、提高老年人的健康质量和生活质量发挥了积极作用。

2023年6月，在中国老龄事业发展基金会的大力支持下，常熟市养老服务促进会引进了“老年康复工程——百万老人慢病筛查公益项目”，设立老年康复工程“琴川愉养”助老专项资金，在常熟市陆续开展老年人慢病筛查等一系列助老公益活动。活动以“固定筛查点+流动筛查点”为主要形式，根据老年人口密集程度灵活调整覆盖面，多措并举，让更多老年人受益。截至2023年7月21日，常熟市养老服务促进会共组织开展筛查活动600多场，筛查出指标异常的老年人超过40%，惠及老年群众2.5万人次。

业内专家表示，以老年康复工程为牵引的公益助老模式是能够解百姓之急、振事业之名的公益项目。未来，要积极探索行业协会如何发挥组织协调作用，调动社会力量开展慢病筛查活动，切实为全国其他城市提供一个依托社会力量解决社会问题的创新实践样本。

（资料来源：江楚雅，《老年康复工程推动医康养护一体化 超10万老人受益助力老龄事业发展》，《长江商报》，2024年7月26日）

任务实施

参观老年社会工作行政组织

【任务描述】

以小组为单位参观老年社会工作行政组织，并撰写参观报告。

【任务要求】

（1）学生自由分组，每组6~8人，并选出一名小组长。

（2）各小组选择当地的一家老年社会工作行政组织，如老年公寓、老年协会等。小组长提前与该组织的负责人联系，约定好参观的时间、注意事项。

（3）小组成员前往所选定的老年社会工作行政组织进行参观。在参观过程中，小组成员应主动了解该组织的规模、人员构成等信息，观察工作人员的工作内容。

（4）小组成员分享参观感受，包括对该组织的认识、在参观过程中的收获等，小组长汇总、整理相关资料，并组织小组成员撰写参观报告。

（5）小组长提交参观报告，主讲教师对各小组的参观报告进行点评。

任务二　掌握老年社会工作行政的基本流程

任务导入

小李对老年社会工作行政产生了浓厚的兴趣，她向方某提出申请，希望加入居家养老服务提升行动项目。

在项目正式开始前，方某带领小李对机构内外部环境进行了分析，帮助小李掌握了机构的组织结构、资源、社会关系等信息。随后，方某结合机构的具体情况拟定了服务方案，招募了10位志愿者，并为每位工作人员和志愿者分配了具体的工作任务。同时，方某鼓励小李结合以往做老年社会工作者的经历，对新招募的志愿者进行培训，帮助他们熟悉工作环境，更快地掌握工作技能。

完成上述工作后，方某正式向政府提交了项目申请书，获得了政府的资助。A社区的居家养老服务提升行动项目在方某的协调与控制下，有条不紊地进行。项目结束后，方某与外部专业评估者组成评估小组，对该项目进行了全面、系统的评估。

思考：

（1）老年社会工作行政的基本流程是什么？方某是如何开展老年社会工作行政的？

（2）除项目申请外，方某还可以采用哪些方法募集资金？

老年社会工作行政的基本流程一般包括环境分析、方案策划、人员部署、资金募集、关系协调、工作评估。

一、环境分析

环境分析是老年社会工作行政的基础工作，包括外部环境分析和内部环境分析。

（一）外部环境分析

外部环境是指机构从事社会服务活动所直接或间接涉及的各种社会关系的总和。任何机构要想获得长足发展，都要从外部环境中获取必要的资源（如人力、物力、财力和有关信息等），并对这些资源进行加工和分析，再向服务对象提供相应的服务。在这个过程中，机构与外部环境之间会形成一系列的社会关系（如机构与服务对象的关系、与其他组织的关系），行政人员要对这些关系进行分析，以发现环境中的有利因素。

（二）内部环境分析

内部环境是指机构内部物质环境、文化环境的总和。其中，物质环境（如技术资源、人力资源等）可能会影响工作人员的工作安全、工作行为和工作效率，文化环境（如组织结构、规章制度、价值观念、工作流程等）可能会影响机构的管理效率和目标。因此，行政人员要对内部环境进行分析，以制订合理的工作策略。

具体来说，内部环境分析的内容如下：① 了解组织结构；② 识别机构管理者的管理风格、工作权限和职责；③ 评估机构能够提供的服务；④ 评估机构的人事政策及其实施情况；⑤ 评估机构的技术资源和管理信息系统的效用。

二、方案策划

方案策划是指行政人员在了解机构的理念、资源和发展方向的前提下，系统地制订计划的过程。行政人员可以按照以下步骤进行方案策划。

（一）确定目标

行政人员要先确定机构将要做什么、工作重点是什么，由此初步确定服务目标，然后从机构拥有和可利用的资源、服务对象的特点、解决问题的迫切程度等方面综合考量，确定目标的优先次序。

（二）拟订方案

行政人员应根据服务目标提出多种备选方案，其内容一般包括服务对象、活动时间、活动地点、人员分配、活动预算、预期困难及其应对方法等，然后根据各种限制条件评估各种备选方案的优点和缺点，并从中选出最优方案。

拓展阅读

可行性方案模型

行政人员可以根据可行性方案模型对备选方案进行筛选。该模型包含六个筛选标准，具体如下：

（1）效率，即投入的资源和产出的服务的比值。

（2）效果，即实施该方案能够在多大程度上实现目标，能够使服务对象发生哪些变化。

（3）可行性，包括该方案是否切实可行、机构能否按照该方案完成计划等。

（4）重要性，即该方案是否是唯一有助于实现目标且必须实施的方案。

（5）公平性，即实施该方案能否公平地为有需要的个人或团体提供服务。

（6）附加结果，即实施该方案能够产生的目标之外的效果。

（三）明确资源需求

确定最优方案后，行政人员应明确资源需求。在这一过程中，行政人员应考虑的问题包括实施该方案需要哪些资源、机构能否提供这些资源、还能通过哪些渠道获取所需资源、如何实现资源效益最大化等。

（四）制订行动计划

为了更好地开展服务工作，行政人员应制订行动计划，具体步骤如下：① 将服务目标分解为多个可操作的执行目标；② 明确具体的服务内容和服务方法；③ 绘制简单时间线条表，确定服务中的主要活动、每项活动的负责人和完成活动时间等，如表 5-1 所示。

表 5-1　简单时间线条表

服务名称：老年志愿者招募与培训计划（2024 年 3 月 18 日—5 月 26 日）

项目	主要活动	负责人	完成活动时间（周）										备注
			一	二	三	四	五	六	七	八	九	十	
一	宣传活动和招募老年志愿者	张某	■	■	■	■							
二	设计培训课程	王某	■	■									

续表

项目	主要活动	负责人	完成期间（周）										备注
			一	二	三	四	五	六	七	八	九	十	
三	邀请培训讲师	陈某	■	■	■	■	■	■					
四	安排参观	李某							■	■	■		
五	进行老年志愿者培训	刘某							■	■	■	■	

三、人员部署

人员部署是指对有关工作人员和志愿者进行组织和调配，以达到“人尽其才”“事得其人”的目的。合理进行人员部署，能够保证机构服务活动的顺利进行。具体来说，人员部署包括以下内容：

（1）招聘和任用。行政人员应根据机构人力资源需求确定需要招聘的岗位、人数等，通过大众传播媒介发布招聘信息，再从应聘者中选择符合岗位要求、具备较高综合素质的人员，并将其安排在合适的岗位上。

小贴士

为了提高招聘工作的效率，行政人员应发布详细、具体的招聘信息，其内容应包括机构简介、招聘岗位、工资待遇、岗位描述、岗位要求等，且能够突出机构和岗位的特点。

（2）培训。为了提高工作人员和志愿者的综合素质和服务能力，机构应开展有计划、有针对性的培训。一般来说，培训内容可分为知识培训、技能培训、态度培训等，行政人员应先评估不同人员的培训需求，在此基础上确定培训的内容和重点。在培训过程中，行政人员应平等地对待志愿者，及时为志愿者提供帮助，使志愿者更快地融入机构，充分发挥其主观能动性。

（3）动态优化。机构外部环境和内部环境是不断变化的，行政人员应根据实际情况不断调整各岗位的职责和要求，在此基础上对各人员进行优化配置，形成较为灵活的工作团队，以增强凝聚力，提高服务水平。

四、资金募集

（一）资金来源

机构的资金主要源于政府资助、社会捐助和低偿服务。

1. 政府资助

政府资助一般通过政府购买服务或政府奖励来实现。

（1）政府购买服务，即政府与机构订立购买服务的契约，将部分公共服务事务交由符合条件的机构承担，并根据服务数量和质量向其支付费用的方式。随着政府购买服务资金规模的扩大和购买范围的拓展，政府购买服务正朝着科学化、规范化的方向发展，对机构的影响也越来越大。

经典案例

青海省实现政府购买居家养老服务全覆盖

青海省积极推进的国家级居家和社区养老服务改革试点项目和省级政府购买养老服务试点项目，每年为全省近10万名60岁及以上经济困难老年人和80岁及以上社会老年人提供了基本居家养老服务。截至2024年3月，青海省实现了城乡统筹的政府购买居家养老服务全覆盖。

“每天上午8点，志愿者会准时来家里为老年人推拿按摩，缓解老年人腰腿疼痛的症状，我们在外也能安心工作。”家住青海省海东市民和回族土族自治县的苏某说。

“家里安装了感应灯和扶手，卫生间还铺了防滑垫，我晚上起夜再也不用担心摔倒了。机构工作人员还会经常上门帮忙做家务、修电器，带我出门就医……真是给我的生活带来了太多便利。”家住青海省海北藏族自治州海晏县三角城镇的居民达某细数着政府购买居家养老服务给他的生活带来的变化。

接下来，青海省将持续推动社区居家养老服务有效覆盖，整合、利用闲置资源，通过多种途径完善社区居家养老服务配套设施，重点打造一批集日托、上门服务、医养结合、养老咨询等功能于一体的综合养老服务设施，持续巩固社区居家养老基础性地位。同时，推动各项优质服务资源向特殊老年人群体聚集，确保社区居家养老有人抓、有人管。

（资料来源：周建萍，《我省实现政府购买居家养老服务全覆盖》，《西海都市报》，2024年3月13日）

（2）政府奖励，包括政府补助和协议合作。政府补助是指政府划拨经费，直接协助机构提供服务的方式。在这种方式中，政府主要扮演奖励者的角色。协议合作是指政府与机构共同出资、共同决策，由机构为老年人提供服务的方式。在这种方式中，政府主要扮演合作伙伴的角色。

2. 社会捐助

社会捐助主要是指个人、企业、基金会等向机构捐款，以便机构为有需要的老年人提供医疗、教育等服务的方式。

3. 低偿服务

低偿服务是指机构向非基本服务对象收取较低水平的服务费，以抵充服务成本的方式。

（二）资金募集的方法

机构可以通过项目申请、私人恳请、电话劝募、特别事件筹资活动等方法募集资金，具体如下。

1. 项目申请

一般来说，政府、基金会通常以项目的形式提供资助。机构要想获得经费支持，必须先递交项目申请书。项目申请书一般包括以下内容：① 申请经费支持的原因；② 该项资助的重要性，如对服务对象的意义；③ 申请金额和详细的项目预算；④ 该项目的预期效果；⑤ 经费使用情况的公示方法。

2. 私人恳请

私人恳请是指机构的工作人员和志愿者与潜在捐款人进行面对面会谈，以请求捐款的方式。私人恳请具有私人性，主要用于向家属、朋友、邻里等与自己存在私人关系的人员募集资金。

3. 电话劝募

电话劝募是指机构专门安排人员在较紧凑的时间内（通常为2～4周）通过打电话的方式，向潜在捐款人传达筹款信息，以达到快速筹款目的的方式。

在进行电话劝募时，筹款人员应表明自己的身份，并使用简洁、通俗的语言向潜在捐款人介绍该项目的意义，从而使潜在捐款人消除戒备心理，愿意从公益事业的角度参与该项目。

4. 特别事件筹资活动

在发生重大灾害、社会危机事件等特别事件时，机构可以通过召开记者招待会、新闻发布会等活动引起公众的关注，并积极向公众传达筹款信息，以获得筹款。

在进行资金募集时，行政人员应充分考虑所在机构的名誉、特点、与潜在捐款人的关系、筹款人员的素质等，同时，将资金募集活动与公众关注的问题、潜在捐款人的兴趣相联系，以得到更积极的回应。

五、关系协调

行政人员在工作中应妥善处理机构内外部的各种关系，以减少摩擦，促进各方相互配合。关系协调一般包括以下内容：① 协调机构内部关系，明确每位工作人员的职责和权利范围；② 协调与其他组织的关系，与其他组织建立信息沟通机制或签订相关协议，以减少分歧和冲突；③ 协调机构与公众的关系，与公众保持良好的沟通，让公众知晓机构的主要工作，引导公众正确认识机构。

关系协调的注意事项

在进行关系协调时，行政人员可采用以下三种方法：

（1）会议协调，即通过会议汇报情况、研讨问题、传达指示，促使相关人员或组织统一认识。会议协调是最常用的方式，行政人员在会议中应广泛收集各种信息，以争取各方的理解、信任和支持。

（2）谈话协调，即通过谈话化解相关人员或组织之间的矛盾。需要注意的是，对于个别问题和特殊问题，应进行单独谈话。

（3）网络协调，即通过电子邮件、即时通信软件（如微信、QQ）等方式进行交互式沟通。网络协调具有方便、快捷的特点，能够提高信息传递效率，大大降低沟通成本。

六、工作评估

（一）评估内容

工作评估的内容包括行政评估、项目评估、方案评估等，具体如下：

（1）行政评估是指对机构的目标、组织结构、服务对象，以及工作人员资格、工作适当性等进行系统、科学的评估。开展行政评估有利于行政人员发现和解决机构行政系统中的问题，从而推动机构进一步提高工作效率。

（2）项目评估是指对项目的投入、实施过程、产出等进行评估。开展项目评估有利于行政人员了解与项目实施有关的市场、资源、技术、财务等方面的信息，从而确定项目的发展前景。

（3）方案评估是指对服务方案进行评估，其关注重点是某一方案是否合理、是否为最优方案等。

（二）评估主体

工作评估既可由行政人员进行，也可由外部专业评估者进行，或者由行政人员和外部专业评估者组成的评估小组进行。不同评估主体进行工作评估的优缺点有所不同，如表5-2所示。

表5-2　不同评估主体进行工作评估的优缺点

评估主体	优点	缺点
行政人员	（1）费用较低 （2）对机构的实际情况有深入的了解，能够设计更符合实际情况的评估方案 （3）能够进行持续的、动态的评估，有利于及时调整工作策略	（1）缺乏专业背景，导致评估结果不够准确 （2）与被评估者可能存在上下级关系，导致评估结果缺乏客观性
外部专业评估者	（1）拥有丰富的专业知识和评估经验，评估的科学性较强 （2）独立于机构之外，能够开展客观、公正的评估	（1）费用较高 （2）需要花费较多时间了解机构的实际情况，评估效率不高

续表

评估主体	优点	缺点
行政人员和外部专业评估者组成的评估小组	（1）能够将专业性与实践性相结合，确保评估结果准确 （2）有利于提高工作效率，及时将评估结果转化为具体的改进措施	（1）两者的评估方法可能存在差异，需要花费较长时间和较多精力进行沟通和协调 （2）管理较为复杂，难以形成统一的评估流程

任务实施

为B康复中心设计老年社会工作行政的基本流程

【任务描述】

为了助力老龄事业发展，某市政府开展了“和乐颐年”医养结合创新项目。经过多轮筛选和评审，B康复中心获得了首期政府资助。

B康复中心是一家集医疗、康复、教育、托养服务于一体的福利机构，拥有临床经验丰富的专业队伍。B康复中心计划以社区康复为基础，为社区老年人提供筛查评估、康复治疗、辅具适配等服务，解决社区老年人听力障碍问题，构建社区老年人新型听力语言医养结合模式。

请结合所学知识，为B康复中心设计老年社会工作行政的基本流程。

【任务要求】

（1）学生自由分组，每组6～8人，并选出一名小组长。

（2）各小组根据上述案例，为B康复中心设计老年社会工作行政的基本流程。注意：在设计过程中，各小组可根据实际需要增加背景条件，如B康复中心与服务对象关系良好、具备完善的管理信息系统等。

（3）小组长将本组设计的工作流程制作成PPT，并进行课堂展示。

（4）主讲教师对各小组的表现进行点评。

学习成果自测

1．填空题

（1）老年社会工作行政是指行政人员通过机构内部的__________、组织、__________、控制等管理活动，实施老年社会政策，向有需要的老年人提供社会服务的过程。

（2）老年社会工作行政的功能包括________________、________________、完善社会政策等。

（3）____________是主管有关社会行政事务的部门，负责贯彻落实党中央关于民政工作的方针政策和决策部署。

（4）环境分析是老年社会工作行政的基础工作，包括＿＿＿＿＿＿＿＿＿和＿＿＿＿＿＿＿＿＿。

（5）工作评估的内容包括＿＿＿＿＿＿＿＿＿、项目评估、＿＿＿＿＿＿＿＿＿等。

2．单项选择题

（1）下列选项中，（　　）不属于老年非营利组织。

A．民政部　　B．老年大学

C．中国老龄事业发展基金会　　D．康复中心

（2）在明确资源需求时，（　　）不属于行政人员应考虑的问题。

A．实施该方案需要哪些资源

B．如何实现资源效益最大化

C．该方案是否合理

D．能通过哪些渠道获取所需资源

（3）某市政府划拨经费，直接协助机构提供服务，这属于（　　）。

A．政府购买服务　　B．政府补助

C．政府捐赠　　D．协议合作

（4）（　　）主要用于向家属、朋友、邻里等与自己存在私人关系的人员募集资金。

A．电话劝募　　B．项目申请

C．私人恳请　　D．特别事件筹资活动

（5）下列活动中，（　　）不属于关系协调的内容。

A．明确每位工作人员的职责和权利范围

B．与其他组织建立信息沟通机制或签订相关协议，以减少分歧和冲突

C．与公众保持良好的沟通，引导公众正确认识机构

D．向政府或基金会寻求资助

3．简答题

（1）简述老年社会工作行政的特点。

（2）简述方案策划的步骤。

（3）简述行政人员进行工作评估的优缺点。

学习成果评价

请进行学习成果评价，并将评价结果填入表 5-3 中。

表 5-3　学习成果评价表

<table>
<tr><td>班级</td><td></td><td>组号</td><td></td><td>日期</td><td></td></tr>
<tr><td>姓名</td><td></td><td>学号</td><td></td><td>主讲教师</td><td></td></tr>
<tr><td>项目名称</td><td colspan="5">老年社会工作行政</td></tr>
<tr><td>评价项目</td><td colspan="3">评价内容</td><td>满分</td><td>评分</td></tr>
<tr><td rowspan="3">理论知识
（40%）</td><td colspan="3">老年社会工作行政的含义、特点和功能</td><td>12</td><td></td></tr>
<tr><td colspan="3">老年社会工作行政组织体系</td><td>8</td><td></td></tr>
<tr><td colspan="3">老年社会工作行政的基本流程</td><td>20</td><td></td></tr>
<tr><td>实践技能
（40%）</td><td colspan="3">能够按照基本流程开展老年社会工作行政</td><td>40</td><td></td></tr>
<tr><td rowspan="4">综合素养
（20%）</td><td colspan="3">乐于学习，勤于学习，善于学习</td><td>5</td><td></td></tr>
<tr><td colspan="3">具备团队精神，积极与他人合作</td><td>5</td><td></td></tr>
<tr><td colspan="3">做尊老、敬老、爱老、助老的倡导者和践行者</td><td>5</td><td></td></tr>
<tr><td colspan="3">始终秉持“以人为本、助人自助”的专业价值观</td><td>5</td><td></td></tr>
<tr><td colspan="4">合计</td><td>100</td><td></td></tr>
<tr><td>自我评价</td><td colspan="5"></td></tr>
<tr><td>教师评价</td><td colspan="5"></td></tr>
</table>

项目六
老年社会工作研究

项目引言

老年社会工作研究与老年社会工作理论、老年社会工作实践密切相关。为了构建共建共治共享的老年友好型社会，保障老年人老有所养，老年社会工作研究者（以下简称“研究者”）必须采用恰当的研究方法，梳理老年社会工作的最新研究成果与实践经验，不断推进老年社会工作理论和老年社会工作实践创新发展。

知识目标

- 熟悉老年社会工作研究的含义和特点。
- 熟悉老年社会工作研究的功能。
- 掌握老年社会工作研究的方法。

素质目标

- 培养科学意识和科学思维，以实事求是的科学态度开展老年社会工作研究，为推动老龄事业的发展贡献自己的力量。
- 坚持学思用贯通、知信行统一，主动将老年社会工作的研究成果应用于实践，做到理论与实践相结合。

任务一　认识老年社会工作研究

任务导入

每年9月，A市都会举办老年社会工作研究成果报告会，邀请来自全国养老事业、养老产业和社会工作领域的著名专家、国内高等院校教授、科研机构负责人等嘉宾参会。参会人员不仅能够了解老年社会工作领域的最新研究成果，还能在互动问答环节与优秀的老年社会工作者进行现场交流。

今年，小李早早地到达报告会会场，希望能够学习到优秀老年社会工作者的工作经验，进一步提高自己的工作能力。会上，一位老年社会工作者慷慨激昂地讲述了自己开展老年社会工作研究的过程，分享了自己在研究中感受到的乐趣，以及研究成果对解决老年人问题的意义，并呼吁大家行动起来，研究身边的老年人问题，并找出解决方案。听完这位老年社会工作者的报告，小李受到了极大的鼓舞，她决定尝试开展老年社会工作研究，为老年社会工作的发展做出更大的贡献。

思考：

（1）什么是老年社会工作研究？

（2）老年社会工作研究具有哪些功能？

一、什么是老年社会工作研究

老年社会工作研究是指为了促进老年社会工作发展而进行的研究。研究者通过对老年社会工作的系统探索与科学分析，探求其一般规律和实用技术，以提高老年社会工作者的知识和技能水平，使老年社会工作朝着更科学、更高效的方向发展。

老年社会工作研究是老年社会工作和老年社会研究的交叉领域。研究者在开展老年社会工作研究时，既要遵守老年社会工作伦理，也要遵守老年社会研究伦理，具体如下：

（1）老年社会工作伦理：① 恪守工作原则，包括接纳、个别化、非批判等；② 注重社会公正，包括公平地分配资源、推动社会保障体系不断完善等；③ 采取专业行为，包括为服务对象保密、运用鼓励和同感等技巧与服务对象建立专业关系等。

（2）老年社会研究伦理：① 在研究对象同意的情况下收集资料；② 收集资料时不故意隐瞒身份或采取欺骗手段；③ 保障研究对象表达意见的权利；④ 避免对研究对象造成伤害；⑤ 保持价值中立，不凭个人喜好筛选所收集的资料；⑥ 不随意泄露研究对象的私人信息；⑦ 客观、全面地公开研究成果。

老年社会工作研究的伦理挑战与应对策略

二、老年社会工作研究的特点

（一）以老年人及其议题为主要研究对象

研究者主要探究老年人和与老年人相关的议题。其中，老年人既包括一般老年人，也包括处境困难的老年人，如伤残老年人、独居老年人、失独老年人等；与老年人相关的议题包括经济困难、疾病缠身、家庭暴力、环境适应不良、机构管理混乱等。

研究者在确定老年社会工作研究的议题时，应注意以下几点：① 确保研究的议题是有意义的、被认可的；② 确保研究结果的应用性，即对议题的研究应有利于促进老年社会工作发展或实现老年社会工作目标；③ 确保经费来源合法、清楚，且不会影响研究的科学性和客观性。

（二）从老年社会工作的视角研究

针对老年人及其议题，许多学者已从心理学、教育学、社会学、政治学等学科视角进行了大量的研究。老年社会工作研究与其他研究不同的是，研究者始终依托“人在环境中”的理念，从老年人及其所处的社会环境两个方面进行研究，从而找出造成老年人问题的可变因素，并在此基础上提出相应的干预思路。

此外，研究者既关注老年社会政策，也关注老年个案工作、老年小组工作、老年社区工作、老年社会工作行政等工作方法，通常从综合性的视角探索老年人问题。

（三）体现研究者的多元角色

研究者扮演着多种角色，包括资料收集者和分析者、政策建议者、成果应用者等。

当老年社会工作研究独立于具体的实践过程时，研究者可以通过观察老年社会工作实践活动，收集老年社会工作者的工作记录、调查表、评估表等资料，为老年社会工作者提出改进服务的建议。此时，研究者扮演着资料收集者和分析者的角色。此外，研究者还可以对老年社会政策进行研究，提出政策修订建议。此时，研究者扮演着政策建议者的角色。

当老年社会工作研究与实践过程相融时，每一位老年社会工作者都是研究者。他们不仅可以对自己的实践过程进行研究，发现自己在工作中的不足，及时调整自己的工作方法，提高自己的服务水平；还可以通过研究改进某项技术、优化工作模式，进一步推动老年社会工作专业理论和实践的发展。在这个了解问题、分析问题、解决问题的过程中，研究者扮演着成果应用者的角色。

助老为乐

我自豪，我是一名老年社会工作者

谭皖，“80后”，重庆市第一社会福利院的社会工作师。他从零开始，组建队伍、创新工作方法，成为重庆市社会工作本土化探索发展的排头兵。“我很庆幸自己进入养老领域，也为自己是一名老年社会工作者感到自豪。”谭皖说。

1. 积极探索，创建“养老机构社会工作模式”

重庆市第一社会福利院是重庆市批准的社会工作试点单位之一。谭皖说，福利院刚成立时，大部分单位对社会工作缺乏了解，对如何在养老领域开展社会工作感到迷茫。

虽然缺乏经验，但谭皖带领团队加班加点研究工作，一步步探索尝试，一点点总结提炼，连续攻克多个难题。他提出并带领团队创建“养老机构社会工作模式”，编制《养老机构社会工作手册》，详细阐释了组织结构、岗位设置、服务项目设计、工作机制、服务方式等方面的问题，为重庆市各机构开展社会工作提供了参考。

2. 提出“1232”发展思路，打造专业素质过硬的服务团队

自重庆市渝中区心悦社会工作服务中心成立后，谭皖带领团队以“服务队伍职业化、服务手法专业化、服务行为规范化、内部管理高效化”为努力方向，提出了“1232”发展思路，即专注一个领域（老年社会工作领域），建立两套体系（院内社会工作体系、社区社会工作体系），搭建三个平台（基金会、民办非企业单位、社工部），服务两类群体（院内老年人、社区困难老年人）。此外，谭皖还组织建立、完善了5项工作标准、4项服务标准，打造了一支实务经验丰富、专业素质过硬的服务团队。

3. 战胜困难，通过标准化手段提高服务品质

为了提高福利院的服务质量和管理效率，为老年人提供专业化、人性化、亲情化、精细化、个性化的服务，谭皖带领团队自学标准、多方求教，战胜技术缺乏、人才短缺等困难。如今，标准化已成为重庆市第一社会福利院的一张名片。

“开始那一两年，不少职工不明白为什么要搞标准化，我在压力太大的时候也想过放弃。这几年，为了标准化的宣传贯彻，我长了很多白头发，但这是值得的。标准化推行得好，不仅能惠及老年人，也能惠及职工、福利院和重庆市养老事业。”说到这里，谭皖的眼神更加坚定。

（资料来源：周小平、周冬梅，《我自豪，我是一名为老社工——记重庆市第一社会福利院社工师谭皖》，《中国社会报》，2018年6月21日）

（四）以提高老年社会福利水平为最终目标

研究者不仅要输出研究报告、工作手册、科普文章等研究成果，丰富老年社会工作理论，还要积极促进老年社会工作实践的发展，以提高老年社会工作者的服务效能。此外，研究者要整合理论与实践，将研究成果广泛应用于实际工作中，以实现提高老年社会福利水平的最终目标。

研究者不仅要输出研究成果，还要与课题委托者、同行、社会人士分享研究成果，并形成新的干预方案。这种干预方案可以是具体的老年社会工作实践活动，用于解决老年人的实际问题，也可以是宏观的老年社会工作指南，用于为解决某一类型的问题提供指导。

三、老年社会工作研究的功能

（一）丰富老年社会工作理论

老年社会工作的相关理论是在老年社会工作实践中逐渐形成并不断丰富和完善的，研究者可以吸收老年社会工作实践中的经验，从中总结出某种规律，以丰富老年社会工作理论体系。

此外，研究者可以检验现有老年社会工作理论在特定场景中的适用性及在其他场景中的可行性，以丰富其内涵。例如，研究者可以检验互动模式在老年支持小组、老年社交康乐小组中的作用，结合互动模式的特点，将其应用于其他老年小组中，以检验其可行性，并得出新的结论。

（二）指导老年社会工作实践

老年社会工作研究贯穿老年社会工作的各个阶段，理想的老年社会工作过程应该与研究过程融为一体。老年社会工作研究在一定程度上可以指导老年社会工作实践。

首先，研究者可以对老年人及其所处的社会环境进行研究，深入挖掘老年人问题出现的原因、发展规律和趋势，从而帮助老年社会工作者加深对老年人问题的认识，深入了解老年人的需求。

其次，老年社会工作研究理论可以作为老年社会工作者开展工作的依据，使老年社会工作者能够提供更有效、更具有针对性的服务。例如，对于陷入危机状态的老年人，老年社会工作者可以根据危机干预模式的相关理论为其提供服务，帮助其面对和解决问题。

再次，研究者可以协助老年社会工作者在介入过程中把握动态信息，使老年社会工作者能够根据实际情况调整工作思路、完善服务方案。

最后，研究者可以科学评估老年社会工作者及其所在机构的实践成果，从而帮助他们改进工作方法、提高服务质量。

任务实施

讨论老年社会工作的特点和功能

【任务描述】

2023 年 11 月 24 日，中国社会工作教育协会老年社会工作专业委员会 2023 年学术会议“养老事业和养老产业双发展中的社会工作服务发展路径探索”在江苏省苏州市太仓市顺利召开，全国养老事业、养老产业及社会工作领域的 100 余名嘉宾参加了该会议。

该会议有两个发言专题，分别是“养老现代化背景下的社会工作人才培养”和“养老现代化与老年社会工作高质量服务的融合”。参会人员围绕“以社会工作优势破解养老服务难点”“积极应对人口老龄化背景下老年社会工作突破路径与县域探索”“发挥‘五社联动’在社区（居家）养老服务中的作用”等主题进行了交流。

此外，会议发布了“偕老长青”老年社会工作研究战略合作伙伴计划、德颐善专项研究计划，通过设立老年社会工作实务研究成果奖学金、老年社工研究开放数据库等，助力老年社会工作研究的深入开展，有利于进一步推动社会力量深度参与建设基本养老服务体系。

请仔细阅读上述案例，并分组讨论。

【任务要求】

（1）学生自由分组，每组 6～8 人，并选出一名小组长。

（2）各小组根据上述案例，就以下问题进行讨论：① 上述案例体现了老年社会工作研究的哪些特点？② 上述案例体现了老年社会工作研究的哪些功能？

（3）小组长汇总、整理讨论结果，并在课堂上进行分享。

（4）主讲教师对各小组的表现进行点评。

任务二　熟悉老年社会工作研究的方法

任务导入

为了更好地开展老年社会工作研究，小李找出了自己以前在老年社会工作过程中整理的资料，并对工作要点进行了总结。她惊讶地发现，老年社会工作研究作为一种间接的服务方法，一直贯穿在她的日常工作中。例如，向社区老年人发放调查问卷，以了解社区老年人的需求；入户探访老年人，与老年人进行一对一的访谈，以了解老年人的问题和困扰；通过查阅政府文件、工作记录等资料了解社区的资源分布；等等。

思考：

上述案例中涉及哪些老年社会工作研究的方法？

老年社会工作研究的方法主要包括定量研究、定性研究、非干扰性研究、行动研究等。研究者应根据研究的问题和目标选择适当的方法，以更好地理解老年人问题，找到有效的解决方案。

一、定量研究

定量研究又称量化研究，是指运用统计技术对事物进行系统性研究，从而把握事物性质的研究方法。定量研究着眼于用数量关系揭示事物的根本性质，即通过精确测定的数据和图表反映事物的现状、类属和相互关系，从而使不确定的、模糊的社会现象变得相对确定和明晰。

定量研究的具体方法一般包括问卷法、实验法等。

（一）问卷法

问卷法是指研究者向调查对象提供预先设计好的问卷，并请调查对象填写或口头回答，以收集所需资料的研究方法。

1. 问卷的结构

问卷一般由标题、封面信、指导语、问题及其他资料构成，具体如下：

（1）标题。标题即问卷名称，如“居家养老服务满意度调查问卷”。

（2）封面信。封面信的内容应包括研究者的身份、研究内容、选择调查对象的途径和方法、调查的匿名和保密原则等。为了激发调查对象的兴趣，得到调查对象的支持与配合，封面信应传达研究者谦虚、诚恳的态度，且文字要简明、易懂。

（3）指导语。指导语主要用于对回答问题的方式进行说明，如“请在符合您情况的选项上画圈”“若无特殊说明，每个问题只能选择一个答案”。

（4）问题。问题是问卷最主要的组成部分，研究者应围绕问卷主题，用准确、简洁、严谨的书面语言设计问题。问题可分为开放式问题和封闭式问题。其中，开放式问题又称非限定性问题，是指没有明确的答案，由调查对象根据自己的想法，用自己的语言做出回答的问题，如论述题、自由联想题等；封闭式问题又称限定性问题，是指有明确的答案，由调查对象根据自己的实际情况从列出的备选答案中进行选择的问题。

（5）其他资料。除以上内容外，问卷中还可以包括问卷编号、调查对象的联系方式、调查人员的姓名、调查时间、结束语等。

社区老年人对社区活动的需求调查问卷

尊敬的先生/女士：

您好！我们是××社区服务中心的老年社会工作者。为了更好地了解社区老年人对

社区活动的需求，为社区老年人提供更好的服务，我们开展了本次调查活动。问卷中问题的答案没有对错之分，您可以在您觉得合适的选项上画“√”。在此次调查中，我们采用匿名调查的方式。对于您的信息，我们将严格保密，调查结果仅用于改进社区服务。

感谢您的配合，祝您生活愉快！

第一部分：基本信息

（1）您的性别是（　　）。

A. 男　　B. 女

（2）您的年龄是（　　）。

A. 60～70 岁　　B. 71～80 岁　　C. 80 岁以上

（3）您的文化程度是（　　）。

A. 小学及以下　　B. 初中

C. 高中、中专　　D. 大专、本科及以上

（4）您的身体状况（　　）。

A. 非常健康　　B. 一般　　C. 不健康

（5）您的居住方式是（　　）。

A. 独居　　B. 夫妻俩居住　　C. 与子女同住

D. 祖孙同住　　E. 其他

（6）您的日常生活主要由（　　）照料。（此题为多选题）

A. 子女（包括女婿、儿媳、孙辈）　　B. 配偶

C. 其他亲友　　D. 保姆或钟点工　　E. 自己

（7）您日常的活动场所有（　　）。（此题为多选题）

A. 社区老年活动中心　　B. 小区广场　　C. 小区棋牌室

D. 家中　　E. 其他

第二部分：心理状况

（8）您和子女的关系（　　）。

A. 良好　　B. 一般　　C. 较差

（9）您和邻里、朋友的交往情况如何？（　　）

A. 非常密切　　B. 比较密切　　C. 一般

D. 很少交往　　E. 不交往

（10）您平时是否有下列感受？

① 经常感觉被家人忽略。（　　）　　A. 是　　B. 否

② 经常感觉自己给家庭带来负担。（　　）　　A. 是　　B. 否

③ 感觉生活没有意义。（　　）　　A. 是　　B. 否

④ 经常感到很无助。（　　）　　A. 是　　B. 否

⑤ 经常感到寂寞和孤独。（　　）　　A. 是　　B. 否

⑥ 经常担心自己身患重病。（　　）　　A. 是　　B. 否

⑦ 对死亡感到非常恐惧。（　　）　　A. 是　　B. 否

第三部分：活动需求

（11）您是否愿意在闲暇时间参与社区活动？（　　）

A. 愿意　　B. 不愿意

（12）哪些因素会影响您参与社区活动？（　　）（此题为多选题）

A. 行动不便　　B. 不了解活动情况

C. 家务繁重　　D. 不感兴趣　　E. 其他

（13）您希望社区组织哪些活动？（　　）（此题为多选题）

A. 歌舞学习　　B. 志愿服务活动　　C. 手工活动

D. 趣味运动会　　E. 文艺表演　　F. 其他

（14）您认为一周参与几次社区活动比较合适？（　　）

A. 1 次　　B. 2 次

C. 3 次　　D. 4 次及以上

（15）您愿意参与社区活动的时间是（　　）。

A. 工作日　　B. 节假日　　C. 随时

（16）请您对社区活动提出宝贵意见：

____

特别说明：问卷调查结束后，我们还会亲自上门探访少数老年人。

如果您愿意，请填写以下信息：

姓名：　　家庭住址：　　联系电话：

小贴士

为慎重起见，研究者可以将问卷初稿发给专家，请他们提出意见和建议；还可以将问卷发给部分调查对象（一般不超过 30 人），邀请他们试填，并根据反馈情况酌情修改问卷。

2. 问卷法的类型

根据问卷填写者的不同，问卷法可分为自填问卷法和代填问卷法。

自填问卷法是指由调查对象自己填写问卷，再由研究者收回问卷的方法。自填问卷法的优点是可以节省时间、降低人力成本，且具有较强的匿名性，能够减少调查对象的顾虑，使其真实地表达意见。但自填问卷法对调查对象的文化程度有一定要求，且难以保证问卷填写质量和问卷回收率。

代填问卷法是指研究者采用口头提问的方式向调查对象了解相关情况，再由研究者填写

问卷的方法。研究者可以采用面对面访谈或电话访谈的方式完成代填问卷，整个访谈过程是严格标准化的。代填问卷法适合研究较为复杂且不涉及个人隐私的问题，但对研究者的要求较高，且需要耗费大量人力、物力，调查成本较高。

（二）实验法

实验法是指研究者根据研究目的，采取一定的实验手段，在特定环境中主动控制自变量，并通过观察和分析因变量的变化得出实验结果的研究方法。其中，自变量又称刺激变量，是指在实验中由研究者控制的因素；因变量又称反应变量，是指在实验中根据自变量的变化而变化的量，是研究者需要预测、分析的因素。例如，在老年小组工作中，老年社会工作者可以鼓励老年人分享自己的生活经验（自变量），并观察开展该活动能否增强组员的自信心（因变量）。

实验法中的实验可分为实验室实验和实地实验。其中，实验室环境（见图 6-1）较少受外界因素干扰，因此实验室实验中的自变量相对容易控制，但实验室环境可能与老年人的生活环境有较大差异，导致实验结果缺乏现实性和普遍性；实地实验是指在自然条件下或真实的生活环境中进行实验的方法。在老年社会工作研究中，研究者多采用实地实验的方法。

图 6-1　实验室环境

二、定性研究

定性研究又称质性研究，是一种剖析事物性质的研究方法。定性研究着眼于对事物的表象进行全面、深入的考察和分析，进而揭示该事物变化的内在规律。定性研究的过程是理论探索、历史研究和现状调查相结合的过程。

定性研究的具体方法一般包括观察法、访谈法等。

（一）观察法

观察法是指研究者通过直接感知和直接记录的方式，获得与研究对象有关的社会现象和社会行为的资料的研究方法。观察法是一种有目的、有计划的研究方法，研究者应观察特定的社会现象或社会行为，并对感性材料进行系统描述和分析，以获得理性认识。

1. 观察法的类型

根据研究者参与程度的不同，观察法可分为参与观察和非参与观察。参与观察是指研究者通过亲自参与获得资料的方法。在观察过程中，研究者应尽可能使自己成为研究对象中的一员，并避免自己的行为影响研究对象的行为。非参与观察是指研究者以旁观者的身份对研究对象进行观察的方法。

根据过程控制程度的不同，观察法可分为系统观察和非系统观察。系统观察是指研究者依照一定规则、程序进行观察的方法，该方法适用于对研究对象有深入了解的情况；非系统观察是指研究者根据现场的实际情况临时决定观察的方法、内容、程序等的方法，该方法适用于对研究对象缺乏深入了解的情况。

2. 观察法的步骤

以系统观察为例，观察法的一般步骤如下：

（1）确定观察对象和观察内容。观察对象是指研究者需要观察的个人或群体，观察内容是指与研究内容有关的观察对象的活动或状态。

（2）将观察内容具体化，确定观察的主要方面和关键点。

（3）选择研究工具和记录方法。常用的研究工具包括评估表（如老年人基础运动能力评估表，见表 6-1）、观察日志等。常用的记录方法包括录音、录像、文字记录等。

表 6-1　老年人基础运动能力评估表

<table>
<tr><td colspan="2">（1）床上体位转移：卧床翻身及坐起躺下</td></tr>
<tr><td rowspan="5">（　　）分</td><td>4 分：可独立完成，不需要他人协助</td></tr>
<tr><td>3 分：可在他人指导或提示下完成</td></tr>
<tr><td>2 分：需要他人协助，但以自身完成为主</td></tr>
<tr><td>1 分：主要依靠他人协助，自身能给予配合</td></tr>
<tr><td>0 分：完全依赖他人协助，且自身不能给予配合</td></tr>
<tr><td colspan="2">（2）床椅转移：从坐位到站位，再从站位到坐位的转换过程</td></tr>
<tr><td rowspan="5">（　　）分</td><td>4 分：可独立完成，不需要他人协助</td></tr>
<tr><td>3 分：可在他人指导或提示下完成</td></tr>
<tr><td>2 分：需要他人协助，但以自身完成为主</td></tr>
<tr><td>1 分：主要依靠他人协助，自身能给予配合</td></tr>
<tr><td>0 分：完全依赖他人协助，且自身不能给予配合</td></tr>
<tr><td colspan="2">（3）平地行走：以双脚交替的方式在地面行走，总是一只脚在前
（注：包括他人辅助和使用辅助工具步行）</td></tr>
<tr><td rowspan="2">（　　）分</td><td>4 分：可独立平地步行 50 m 左右，不需要协助，无摔倒风险</td></tr>
<tr><td>3 分：可平地步行 50 m 左右，存在摔倒风险，需要他人监护或指导，或使用拐杖、助行器等辅助工具</td></tr>
</table>

续表

（　　）分	2 分：在步行时需要他人少量扶持协助
	1 分：在步行时需要他人大量扶持协助
	0 分：完全不能步行
（4）上下楼梯：双脚交替完成楼梯台阶连续的上下移动	
（　　）分	3 分：可独立上下楼梯（连续上下 10～15 个台阶），不需要协助
	2 分：可在他人指导或提示下完成
	1 分：需要他人协助，但以自身完成为主
	0 分：主要依靠他人协助，自身能给予配合；或者完全依赖他人协助，且自身不能给予配合
总计得分：	

（4）进行实地观察，做好观察记录。观察记录是进行资料分析的基础，其内容应具体、详细。因此，研究者不仅要详细描述现场全貌，还要记录事件细节，如在场的人数以及他们之间的权利、分工关系。此外，研究者也可以将自己观察时的感受、对事件进展的反应等记录下来。但需要注意的是，研究者应使用清楚、客观的描述性语言进行记录，避免使用文学性语言进行修饰。

观察法通常用于观察对象处于自然状态的情况，由此获得的结果较为真实，但其结果只能说明“是什么”，不能说明“为什么”。因此，通过观察法发现的问题还需要用问卷法、实验法进行研究，才能得到解决。

（二）访谈法

访谈法是指研究者通过与研究对象直接交谈的方式收集资料的研究方法。

根据研究对象数量的不同，访谈法可分为个别访谈和集体访谈。个别访谈是指研究者与研究对象进行一对一口头交流的方法，集体访谈是指研究者与多个研究对象同时进行访谈的方法。

根据访谈结构性的不同，访谈法可分为结构性访谈和非结构性访谈。结构性访谈是指研究者事先准备好高度结构化或标准化的访谈提纲，并且在访谈过程中严格按照访谈提纲与研究对象进行交谈的方法。非结构性访谈是指不用或仅用简单的访谈提纲与研究对象进行自由交谈的方法。在非结构性访谈中，随着对话不断深入，便有可能形成深度访谈。

访谈时的注意事项

拓展阅读

深度访谈

深度访谈是一种非结构性访谈方法，是指研究者和研究对象针对某一问题进行较长时间（通常为30～60分钟）的反复交流。通过深度访谈，研究者能够深入探寻研究对象面临的问题及其产生原因，了解研究对象的感情、行为动机和对具体事物的真实看法。

深度访谈的适用场景很多。例如，在老年个案工作中，老年社会工作者可以与老年人进行细致、深入的交谈，以了解老年人的困扰，协助老年人缓解消极情绪。需要注意的是，深度访谈对研究者的洞察能力和分析能力有一定的要求，研究者要善于把握时机，引导老年人逐步深入话题，并及时归纳和概括访谈结论。

三、非干扰性研究

非干扰性研究是指研究者不直接接触研究对象而把握资料本质的研究方法，其根本特征是研究对象不受研究过程和场景的影响。非干扰性研究的具体方法一般包括既存统计资料分析法、比较法等。

（一）既存统计资料分析法

既存统计资料分析法是指对各种现有的统计资料进行分析，以进一步获取信息的研究方法。研究者在分析过程中使用的不是原始的数据资料，而是经过整理、分析得到的统计资料（如统计年鉴、经济普查数据等）。

采用既存统计资料分析法时，研究者应注意既存统计资料的效度和信度问题。效度即既存统计资料是否反映了研究对象的真实信息，信度即在不同时间、地点获得的既存统计资料是否接近或一致。有时，既存统计资料可能并不能覆盖研究者的研究内容，或者不能有效反映某些变量的变化。因此，研究者必须在分析前对既存统计资料进行审核和校订，具体包括以下内容：

（1）了解既存统计资料的来源、整理技术和分析技术等，以全面把握其背景。

（2）了解既存统计资料的分组、统计范围等信息，从而判断其可比性。

（3）对资料进行筛选、校订。研究者可采用多种方法整合主题相同但来源不同的资料，从中筛选出最可靠的资料，并对错误信息进行修正。

需要注意的是，既存统计资料分析法的分析对象通常是某个群体而非个人，研究者只能根据集合性资料分析群体行为，而不能以此分析个人行为。

课堂互动

某市养老需求问卷调查数据显示，老年人迫切需要的上门服务是助洁（如洗衣、保洁等）。此时，能否说明居住在该市的魏婆婆迫切需要的上门服务是助洁呢？为什么？

（二）比较法

比较法是指根据现有的非统计资料，分析发生在不同时间、不同地点的事件的共同特征，从而得出结论的研究方法。此处的非统计资料包括初级资料和次级资料。其中，初级资料又称第一手资料，是指对某些事件的原始记录，如老年人的日记、研究者的观察日志等；次级资料又称第二手资料，是指研究者已经收集、整理好的各种现成的资料，如政府文件、行业研究报告、项目总结报告等。

在比较法中，老年人提供的信息可能会受个人情绪、性格等因素的影响，导致初级资料存在错误，而次级资料可能会重复初级资料的错误，从而导致研究者的研究视角产生偏差。因此，研究者必须在分析前对资料进行审核，以确保资料准确、可靠、有效。

四、行动研究

行动研究是指研究者和研究对象共同参与研究、共同采取行动的研究方法。该方法强调研究对象与研究者共同参与，从而使研究成果被研究对象所理解、掌握和应用。行动研究具有以下特点：

（1）为行动而研究。行动研究的目的是解决老年社会工作中的问题，优化老年社会工作者的工作环境，而不是促进理论发展。

（2）由行动者研究。研究对象既是行动者，也是研究者，能够根据自己的实际需求确定所要研究的问题，并有计划地开展行动。

（3）在行动中研究。行动研究的主要方式是在实际工作过程中进行研究，研究者和研究对象通过研究与行动的配合，将研究成果直接应用于行动。

（4）在合作中研究。研究者与研究对象是伙伴关系，通过伙伴式合作完成边行动边研究的工作过程。双方在研究过程中相互分享感受和经验，能够在一定程度上减少理论与实践脱节的问题。

任务实施

选择合适的老年社会工作研究方法

【任务描述】

小聪是某社工站的老年社会工作者。近期，他结合自己的工作情况，整理了一些老年社会工作研究议题，具体如下：

（1）老年社会工作人才适应养老现代化必备的知识和能力。

（2）中国失能老年人家庭照料者的照料过程研究。

（3）智慧养老模式融入我国养老事业的机遇与挑战。

（4）关于我国智慧医养结合发展的问题与思考。

请结合所学知识，为上述议题选择合适的老年社会工作研究方法。

【任务要求】

（1）学生自由分组，每组6～8人，并选出一名小组长。

（2）各小组从上述议题中选择其一，并为所选议题选择合适的研究方法，然后就以下问题进行讨论：① 为什么选择该研究方法？② 通过该研究方法收集的资料是否可信？③ 如何通过该研究方法开展老年社会工作研究？

（3）小组长汇总、整理讨论结果，提交给主讲教师。

（4）主讲教师对各小组的表现进行点评。

学习成果自测

1. 填空题

（1）老年社会工作研究是________________和________________的交叉领域。

（2）____________是指运用统计技术对事物进行系统性研究，从而把握事物性质的研究方法。

（3）定性研究的过程是____________、____________和现状调查相结合的过程。

（4）____________是指研究者通过直接感知和直接记录的方式，获得与研究对象有关的社会现象和社会行为的资料的研究方法。

（5）在____________中，研究对象既是行动者，也是研究者，能够根据自己的实际需求确定所要研究的问题，并有计划地开展行动。

2. 单项选择题

（1）下列选项中，（　　）不属于与老年人相关的议题。

A．经济困难　　B．疾病缠身

C．家庭暴力　　D．恐婚恐育

（2）问卷法属于（　　），（　　）属于定性研究。

A．定量研究；观察法　　B．定量研究；实验法

C．定性研究；实验法　　D．定性研究；访谈法

（3）由于环境较少受外界因素干扰，（　　）中的自变量相对容易控制。

A．实验室实验　　B．文献实验

C．实地实验　　D．访谈实验

（4）老年社会工作者小魏计划与社区中 70 岁以上的老年人访谈，以下做法不正确的是（　　）。

A．提前与老年人沟通，共同确定访谈的时间和地点

B．事先了解老年人的姓名、年龄、家庭状况等信息

C．未征得老年人同意，就拿出录音笔对访谈过程进行录音

D．在访谈过程中，细致地观察老年人的表情和动作，并积极回应

（5）老年社会工作者小魏准备采用既存统计资料分析法开展老年社会工作研究，他可以将（　　）作为分析资料。

A．统计年鉴　　B．老年人的日记

C．政策文件　　D．家族发展史

3．简答题

（1）简述老年社会工作研究的特点。

（2）简述问卷的结构。

（3）简述观察法的步骤。

（4）简述行动研究的特点。

学习成果评价

请进行学习成果评价，并将评价结果填入表 6-2 中。

表 6-2 学习成果评价表

<table>
<tr><td>班级</td><td></td><td>组号</td><td></td><td>日期</td><td></td></tr>
<tr><td>姓名</td><td></td><td>学号</td><td></td><td>主讲教师</td><td></td></tr>
<tr><td>项目名称</td><td colspan="5">老年社会工作研究</td></tr>
<tr><td>评价项目</td><td colspan="3">评价内容</td><td>满分</td><td>评分</td></tr>
<tr><td rowspan="3">理论知识
（40%）</td><td colspan="3">老年社会工作研究的含义和特点</td><td>14</td><td></td></tr>
<tr><td colspan="3">老年社会工作研究的功能</td><td>6</td><td></td></tr>
<tr><td colspan="3">老年社会工作研究的方法</td><td>20</td><td></td></tr>
<tr><td>实践技能
（40%）</td><td colspan="3">能够采用合适的方法开展老年社会工作研究</td><td>40</td><td></td></tr>
<tr><td rowspan="4">综合素养
（20%）</td><td colspan="3">乐于学习，勤于学习，善于学习</td><td>5</td><td></td></tr>
<tr><td colspan="3">具备团队精神，积极与他人合作</td><td>5</td><td></td></tr>
<tr><td colspan="3">做尊老、敬老、爱老、助老的倡导者和践行者</td><td>5</td><td></td></tr>
<tr><td colspan="3">始终秉持“以人为本、助人自助”的专业价值观</td><td>5</td><td></td></tr>
<tr><td colspan="4">合计</td><td>100</td><td></td></tr>
<tr><td>自我评价</td><td colspan="5"></td></tr>
<tr><td>教师评价</td><td colspan="5"></td></tr>
</table>

项目七
针对特殊老年人的社会工作服务

项目引言

老年人能够健康长寿、安享幸福晚年，是亿万老年人及千家万户的共同期盼，是国家富强、民族昌盛的重要标志。然而，随着年龄的增长，一些老年人面临着身患疾病、孤独、受虐待、无法正确面对死亡等诸多挑战，亟须整个社会的关注和支持。在这种背景下，老年社会工作者作为推动新时代养老服务高质量发展的重要力量，更应该对特殊老年人给予关注，并通过专业工作方法为特殊老年人提供帮助，让他们能够在晚年生活中得到尊重和关怀。

知识目标

- 熟悉失智老年人的含义和症状，掌握服务失智老年人的方法。
- 熟悉空巢老人的含义和空巢老人面临的问题，掌握服务空巢老人的方法。
- 熟悉虐待老年人的类型和受虐待老年人的评估方法，掌握服务受虐待老年人的方法。
- 理解临终老年人的需求，掌握服务临终老年人的方法。

素质目标

- 增强接纳、尊重老年人的意识，在工作过程中注意维护老年人的尊严。
- 培养人文精神，推崇关怀为本的价值观，用关怀、关爱之心为老年人提供切实的服务，使老年人享受到更有品质的养老服务。

任务一　服务失智老年人

任务导入

小李在开展调查活动时，偶然看到罗阿婆一个人在社区里徘徊。她热心地上前与罗阿婆交谈后，得知罗阿婆刚在社区医院做完检查，现在准备回家。看着罗阿婆迷茫的眼神和蹒跚的步伐，小李赶紧搀扶着罗阿婆，送她回家。

到了罗阿婆家，小李发现房间里堆放了很多杂物，卫生状况较差，便叫来几位志愿者一起帮助罗阿婆打扫房间。在她们打扫期间，罗阿婆告诉小李，冰箱挡住了厨房门，导致厨房门一直打不开，希望小李能够帮她把冰箱搬开。小李听后感到十分诧异，因为冰箱离厨房较远，并没有挡住厨房门。她推了推厨房门，发现门上了锁。小李问罗阿婆有没有厨房门的钥匙，罗阿婆说："没有，钥匙可能丢了。"于是小李向社区工作人员反映情况，询问他们是否有备用钥匙。社区工作人员反映，罗阿婆曾多次和他们说遗失了钥匙，但他们到罗阿婆家中时发现门已经打开了。小李还了解到，罗阿婆身体状况良好，却频繁前往社区医院检查身体，还多次在社区中迷路。

考虑到罗阿婆家里的卫生状况和罗阿婆异常的言行，小李立即组织社区医生上门检查，医生经诊断后认为罗阿婆可能患有失智症。

思考：

（1）罗阿婆出现了哪些失智老年人的症状？

（2）小李应如何为罗阿婆提供社会工作服务？

一、什么是失智老年人

失智老年人是指患有失智症的老年人。其中，失智症是指由神经退行性变、脑血管病变、感染、外伤、肿瘤、营养代谢障碍等多种原因引起的一种大脑综合征，是常见的老年疾病之一。

二、失智老年人的症状

失智老年人的症状主要包括记忆障碍、定向障碍、语言障碍、执行功能障碍、抽象思维能力下降、情绪波动较大、性格改变和行为异常等。

（一）记忆障碍

记忆障碍是指个体记忆机能失调或失控。记忆障碍是失智症早期最常见的症状，主要表

现为记忆减退、记忆增强、记忆错乱、遗忘症等。其中，记忆减退是指记忆力普遍下降的现象，如洗完手忘记关水龙头、刚挂断电话就忘记是谁打来的、记不住最近接触的人的姓名等；记忆增强是指记忆力病理性亢奋的现象，失智老年人可能会十分清晰地回忆起原来已经遗忘的事情。

随着年龄的增长，老年人可能会出现突然想不起某件事、突然忘记家属的名字等情况，这些是正常的生理现象。但失智症所导致的记忆力下降与之不同，失智老年人无法通过提示或暗示回想起曾经经历过的事情，其日常生活会受到较大的影响。

（二）定向障碍

定向障碍是指个体对时间、地点、人物和自身状态等辨识不清的状况。在失智症早期，失智老年人会出现无法分辨目前的年份和月份、无法准确临摹简单的图形等情况。

随着病情的发展，失智老年人会逐渐出现以下症状：① 无法分辨白天和黑夜；② 在熟悉的环境中也会迷路，如找不到自己的家在哪里，甚至在自己家中走错房间或找不到卫生间等；③ 不认识亲人、朋友；④ 不知道自己的姓名、年龄等信息。

（三）语言障碍

语言障碍是指个体在语言理解和表达方面出现的障碍。失智老年人的语言障碍最开始表现为言语空洞、找词困难、用词不当、说话没有逻辑、答非所问、不能准确说出物品的名称、在不适当的时候变换谈话主题等。随着病情的发展，失智老年人逐渐不能正常与人交流，会出现重复言语、模仿言语、刻板言语等症状。在失智症晚期，失智老年人既不能理解他人所说的话，也不能准确表达自己的需求。

小贴士

重复言语是指不断重复某句话的最后几个字或词，如：“今天天气真好呀，真好呀，真好呀！”模仿言语是指无目的地模仿他人所说的话。例如，他人询问：“你叫什么名字？”失智老年人回答：“你叫什么名字？”刻板言语是指机械而刻板地重复某个无意义的词或句子，如：“吃了吗？吃了吗？吃了吗？”

（四）执行功能障碍

执行功能障碍是指难以制订、完善和执行计划以完成目标任务的障碍。失智老年人的执行功能障碍主要表现在以下几个方面：

（1）丧失生活自理能力。例如，不能独立如厕、洗澡等。

（2）不能有条理地处理事情。例如，不能按照正确的顺序穿衣服，不能按时、按量服药。

（3）难以完成自己曾经熟悉的工作。例如，不能完成两位数以内的加减运算、分不清钱款的数额等。

（五）抽象思维能力下降

抽象思维能力是指个体在认识活动中运用概念、判断、推理等思维形式来反映客观现实的能力。在失智症早期，失智老年人的抽象思维能力下降表现为对“数”的概念变得模糊、计算能力下降（如不能完成复杂的运算）等。随着病情的发展，失智老年人的思维逐渐变得迟钝，表现为不能区分事物的异同，无法进行分析、归纳，看不懂小说和电影等。

（六）情绪波动较大

一般来说，人们可以通过认知调节、合理宣泄、积极防御、理智控制、寻求帮助等方法稳定自己的情绪。但由于出现认知障碍，失智老年人无法合理调节和控制情绪，容易因为一些小事变得焦虑、紧张、害怕，或者毫无缘由地大发雷霆等，情绪波动较大。

（七）性格改变和行为异常

失智老年人会发生明显的性格变化，如待人冷漠、执拗、爱抱怨、多疑等。例如，有的老年人过度关注自己的身体状况，稍有不适就心神不定，并反复求医问诊；有的老年人和孙子或孙女争宠，抱怨子女对自己照料不周；有的老年人对他人的不信任感大大增强，甚至发展为妄想，如坚信自己的东西被他人偷走、坚信有人要迫害自己及家属等。

随着大脑萎缩日益严重，失智老年人逐渐不能控制自己的行为，可能会出现漫无目的地徘徊、喊叫、随地大小便、对他人进行躯体或言语攻击、强行将他人物品据为己有等异常行为。

三、服务失智老年人的方法

失智症是一种渐进性的心智功能退化疾病，随着病情越来越严重，失智老年人的生活自理能力会逐渐丧失，需要他人予以精心照料。然而，缺乏经验的照料者往往力不从心，不当的护理方式容易使老年人产生挫败感，加重老年人的心理负担。因此，老年社会工作者应充分发挥自身的专业能力，采取有效措施为失智老年人提供服务，具体包括对失智老年人进行干预、提高照料者的能力、推动社会政策的制定与实施三个方面。

（一）对失智老年人进行干预

在对失智老年人进行干预时，老年社会工作者应明确工作重点，即通过专业服务维护老年人的身心健康，帮助老年人恢复正常的社会交往，从而增强老年人的幸福感。具体来说，老年社会工作者可以从生理、心理和社会三个层面对失智老年人进行干预。

1. 生理层面

在生理层面，老年社会工作者可以通过开展一些小组活动帮助失智老年人提高身体素质，如做手指操（见图 7-1）、练瑜伽等。开展这些活动不仅可以帮助失智老年人增强身体的灵活性，还可以延缓其身体的老化速度。

图 7-1　老年社会工作者带领老年人做手指操

2. 心理层面

在心理层面，老年社会工作者可以采用认知疗法对失智老年人进行干预。认知疗法是一种常用的心理治疗方法，其理论假设是个体的情绪和行为与认知密切相关，个体可以通过改变错误的认知方式，改善自身的情绪和行为障碍。

失智老年人情绪疏导的常用方法

通过认知疗法，失智老年人能够以平和的心态面对自己的病症，并学习采用科学的方法控制和改变自己的情绪反应，从而缓解失落、焦虑、愤怒等消极情绪。

小贴士

认知疗法对失智老年人的学习能力有一定的要求，因此更适合那些口头表达能力较好、认知障碍不太严重的老年人。

3. 社会层面

在社会层面，老年社会工作者可以通过缅怀往事疗法对失智老年人进行干预。缅怀往事疗法是指老年社会工作者通过老照片、老歌曲或老年人熟悉的物品等引导老年人回忆往事的治疗方法。采用这种方法能够帮助失智老年人改善情绪状况，增强幸福感，提高社会交往能力和对现有环境的适应能力。在实际工作中，老年社会工作者可以组建失智老年人小组，为失智老年人营造良好的社交环境，引导他们在小组活动中回忆和分享自己的人生经历，从而

帮助他们以更积极的心态面对生活。

经典案例

为一位“迫害妄想”的失智老年人提供服务

兰婆，88岁，丧偶，患有阿尔茨海默病、冠心病、高血压等多种疾病，且由于身体机能衰退，不能独立行走。此外，兰婆与子女关系紧张，生活中无法得到子女的照料，与邻里的关系也并不和睦，甚至觉得接近她的人都会迫害她。由于失智、失能，且无法与他人建立良好的关系，兰婆出现了焦虑、烦躁、紧张等情绪问题，并伴有轻度抑郁倾向，经常会出现一些异常行为。

针对以上情况，老年社会工作者萧某为兰婆制订了一系列干预方案，具体如下。

1. 生理层面的干预

首先，萧某组织医生为兰婆做检查，以了解兰婆的身体状况；其次，针对兰婆存在的四肢僵硬、平衡能力和协调能力不足等问题，萧某安排康复师每日上门帮助兰婆进行功能康复训练；最后，针对兰婆失智、失能的问题，萧某召集志愿者为兰婆提供基本生活照料服务。

2. 心理层面的干预

由于兰婆患有阿尔茨海默病，且心理状况不佳，在征得兰婆的同意后，萧某为兰婆申请了心理咨询服务，每周会有心理咨询师与兰婆沟通，了解她的感受和她对生活的态度，并通过音乐疗法稳定她的情绪，减轻她被迫害的心理。萧某还定期组织老年活动，让兰婆参与其中，并适时对兰婆予以鼓励，帮助她重拾自己的兴趣爱好，以缓解其抑郁情绪。

3. 社会层面的干预

萧某协助兰婆定期与子女进行语音或视频通话，并劝说其子女在空闲时多陪伴兰婆，在一定程度上改善了兰婆与子女之间的紧张关系，进一步缓解了兰婆的抑郁情绪。萧某还经常鼓励兰婆做一些力所能及的事情，以丰富兰婆的生活；鼓励兰婆讲述自己的工作经历，让兰婆感受到自己的价值；等等。

通过一段时间的服务，兰婆的认知能力、生活能力有了一定的提高，心理状态也逐渐好转。兰婆的儿子表示：“母亲以前脾气比较暴躁，不能平和地与我们交流，生活也不能自理。现在，母亲情绪稳定了很多，也开朗了很多，还能够自己吃饭、行走甚至小跑。”其他老年人也表示，兰婆与他们的关系有了明显改善，现在兰婆会主动与他们交谈。

（资料来源：陆艳梅、李雪艳，《老年服务案例丨为一位“迫害妄想”的失智老人开展个案管理服务》，中国社会工作公众号，2024年3月29日）

（二）提高照料者的能力

目前，许多失智老年人的日常起居主要依赖家属等照料者。老年社会工作者可以以个案或小组工作的形式为照料者提供一些支持性服务，以提高照料者的护理能力和自我疏解能力。

1. 开展个案工作

照料失智老年人需要耗费大量的时间和精力，照料者（尤其是家属）往往承受着很大的心理压力，容易产生悲伤、忧虑、烦躁等消极情绪。老年社会工作者可以对这类照料者进行心理辅导，运用专业的价值理念与技巧（如鼓励、积极倾听、专注等）帮助他们解决问题，并协助他们形成积极、乐观的心态。同时，长时间的照料工作可能会引发家庭矛盾，老年社会工作者可以提供家庭关系调解服务，使照料者、老年人和其他家属相互体谅，从而形成和谐的家庭氛围。

2. 开展小组工作

并非所有的照料者都具备专业的护理知识，老年社会工作者可以组建互助小组，鼓励照料者在小组活动中探讨自己在照料失智老年人的过程中遇到的问题、照料失智老年人的方法等。此外，老年社会工作者还可以组建照料者学习小组，对照料者进行护理技巧培训，以提高照料者的护理水平。

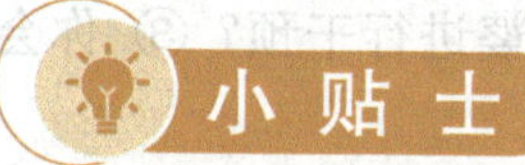

失智症是可以预防的，许多照料者由于对失智症缺乏了解，常会忽略老年人的一些异常症状。因此，除了提高照料者的护理能力，老年社会工作者还应重视加深照料者对失智症的认知，并鼓励照料者采取一些措施降低老年人患失智症的风险。例如，照料者可以带老年人参加社区的失智症筛查和评估、鼓励老年人参加社区的老年运动会、帮助老年人树立“健康第一”的观念等。

（三）推动社会政策的制定与实施

从根源来看，只有强调政府的主导地位，才能广泛地引起公众的重视和支持，才能真正改善失智老年人的生活。因此，老年社会工作者应发挥专业能力，扮演好衔接者的角色，促使政府与失智老年人这一群体建立更加紧密的联系，积极推动各项社会政策的制定与实施。具体来说，老年社会工作者应做好以下工作：

（1）结合自己的实践经验，向有关部门提出专业性的建议。通过这些建议，有关部门可以深入了解失智老年人的现状，并采取切实、有效的保障性措施，为失智老年人提供更加明确、系统的权益保障，确保失智老年人能够得到更为全面、细致的关怀与支持。

（2）了解失智老年人的需求，为失智老年人寻求已有政策的支持。

（3）通过社区活动、专业论坛、社交平台、养老机构等渠道宣传相关政策，加深失智老

年人及其家属对政策的理解，使他们能够在政策允许的范围内主动申请资金、医疗服务等方面的补助，有效改善生活。

任务实施

为杨婆婆设计服务方案

【任务描述】

杨婆婆今年 68 岁，患有失智症。因生活自理能力下降，杨婆婆家里的卫生情况十分糟糕，房间里堆满了杂物，还散发出阵阵异味。社区居委会曾多次尝试与杨婆婆唯一的女儿联系，但一直没有成功。此外，杨婆婆的丈夫患有癌症，正处在治疗中期，身体状况不佳，他无法照料杨婆婆，也拒绝为杨婆婆申请社会救助。

近期，杨婆婆的失智症日益严重，经常半夜在小区内大喊大叫，邻居们都认为杨婆婆是在恶意扰民，因此对她怨气满腹，还将她投诉到社区居委会。由于无法在短期内解决杨婆婆的问题，社区居委会只好将杨婆婆转介给老年社会工作者联合跟进。

【任务要求】

（1）学生自由分组，每组 6～8 人，并选出一名小组长。

（2）各小组根据上述案例，就以下问题进行讨论：① 杨婆婆出现了哪些失智症的症状？② 如果你是负责该案的老年社会工作者，你会从哪些方面对杨婆婆进行干预？③ 你会如何说服杨婆婆的丈夫，使杨婆婆能够得到社会救助？

（3）小组成员汇总、整理讨论结果，并撰写服务方案。注意：服务方案不仅要包括对杨婆婆的干预措施，还要包括对杨婆婆家属的干预措施，如劝说杨婆婆的丈夫、通过公安机关联系杨婆婆的女儿等。

（4）小组长提交服务方案，主讲教师对各小组的服务方案进行点评。

任务二　服务空巢老人

任务导入

社区居委会的工作人员王姨告诉小李，社区正在开展低保老年人入户探访工作，但工作量较大，人手不足，她希望小李可以参与进来，小李毫不犹豫地答应了。

小李首先探访的是空巢老人卢爷爷。卢爷爷今年 61 岁，由于行动不便，他长期待在家中，几乎没有社交活动。在和卢爷爷交谈的过程中，小李发现卢爷爷明显缺乏自信，且情绪不佳，言语间透露出孤独与烦闷。为了了解卢爷爷的具体情况，小李开始定期与卢爷爷通电话，终于获得了卢爷爷的信任，并与卢爷爷建立了专业关系。

据了解，卢爷爷与妻子已离婚，两人没有子女。一年前，卢爷爷不幸遭遇车祸，双腿瘫痪，因行动不便无法继续工作，只能依靠政府救助维持生活，没有其他经济来源。此外，卢爷爷的父亲今年86岁，母亲84岁，皆居住在老家。卢爷爷与亲戚几乎没有联系，与社区邻里的关系也十分疏离。除了偶尔与父母通电话之外，卢爷爷只有在老年社会工作者入户探访或者政府工作人员上门慰问时，才有机会与他人交流。

思考：

（1）什么是空巢老人？

（2）根据上述资料，你认为卢爷爷面临着哪些问题？

（3）小李应如何为卢爷爷提供社会工作服务？

一、什么是空巢老人

空巢老人是指没有子女在身边照料，独自居住或与配偶一起居住的老年人。空巢老人一般可分为以下三种：① 没有子女和配偶的孤寡老人；② 有子女，但与子女分开居住的老年人；③ 子女在外地，不得不独守空巢的老年人。

对于有子女的老年人来说，当子女由于工作、求学、结婚等因素离家后，他们需要重新调适自己的生活。在这个过程中，他们容易出现感到悲伤、孤独，出现精神萎靡、失去生活目标、过度担忧子女的生活等情况。此外，婚姻关系不和谐、配偶突然离世、退休等重要的生活事件也容易使空巢老人产生消极情绪，出现心理失调的现象。

二、空巢老人面临的问题

与一般老年人相比，空巢老人面临着更多的问题，如经济问题、生活照料问题、心理健康问题、安全问题、社会融入问题等。

（一）经济问题

随着年龄的增长，老年人的收入会逐渐减少，加之空巢老人可能无法获得或只能较少地获得子女的经济帮助，因此其经济压力较大。同时，由于老年人身体机能衰退、所患慢性病增多，他们需要更多的医疗服务和护理服务，导致空巢老人的经济压力进一步增大。

（二）生活照料问题

老年人普遍存在生活自理能力下降甚至完全丧失的情况。对于空巢老人来说，由于子女不在身边，他们更容易因为生活照料问题而陷入困境。例如，因行动不便而无法完成做饭、洗衣、居室保洁等基本生活事务，因不熟悉智能手机等电子设备的操作方法而无法进行线上预约挂号，等等。

（三）心理健康问题

由于与家属缺乏交流，且较少获得来自家属的情感支持，空巢老人常常感到孤独和被忽视，会出现思念、自怜、无助等复杂的情感。如果这些情感长期无法得到排解，空巢老人容易产生心理健康问题，如患上抑郁症、焦虑症等。

（四）安全问题

由于行动不便、反应迟缓，老年人在日常生活中存在一系列的安全问题，如意外跌倒、突发疾病等。在面对突发状况时，空巢老人有时无法及时获得必要的帮助，可能会面临更大的风险，甚至导致不可挽回的后果。因此，保障空巢老人的安全成为提高空巢老人生活质量的重要措施之一。

（五）社会融入问题

空巢老人可能会因交通不便、信息闭塞等问题难以参与社会活动，导致社交圈逐渐缩小。同时，随着身体机能不断衰退，空巢老人参与社会活动的意愿也在不断减弱，他们很容易感到情绪低落，对大部分事情都提不起兴趣，这可能会导致他们失去与他人互动的机会，逐渐无法融入社会。

三、服务空巢老人的方法

为了解决空巢老人的问题，帮助他们更好地融入社会，老年社会工作者可以采取以下措施为空巢老人提供服务。

（一）协助空巢老人获得生活照料服务

老年社会工作者可以采取链接服务资源、发挥社区养老服务功能、宣传和落实相关政策等措施协助空巢老人获得生活照料服务，帮助他们提高生活质量。

1. 链接服务资源

老年社会工作者可以与老年协会、慈善机构、社区组织等建立良好的关系，从而为空巢老人链接助餐、助洁等服务资源；还可以在国家政策范围内积极推行智慧养老模式，为空巢老人链接智慧养老平台和智慧养老智能终端设备等资源，帮助空巢老人获得更高效、便捷的服务。

智能平台“守护”空巢老人

甘肃省陇南市某镇位于高寒阴湿的山区，平均海拔 2 000 余米。该镇的年轻人大多外出务工，老年人又居住得比较分散，因此，空巢老人的生活照料与紧急救助问题成为

子女最关心的问题。

2023 年 4 月，该镇的老年社会工作者结合村情实际，在进行充分的走访调查并征得空巢老人同意的基础上链接社会资源，建立了特困供养人员看护系统，并筹集资金为全镇 175 位空巢老人免费安装了智能看护摄像头。

“我们每个工作人员手机上都装有软件，可以随时随地查看特困供养人员的情况。”该镇社工站主任姜某介绍说，特困供养人员看护系统依托 5G 网络、大数据技术，能够对本镇特困供养人员的情况进行实时监测，还能够实现信息及时告警和语音随时对讲。

该镇的老年社会工作者赵某介绍道：“过去老年人身体不舒服或者生活上有困难，我们只能在定期探视走访后才能了解到，耗时长且效率低。现在有了这个系统，我们随时可以关注老年人的生活情况，还可以让老年人和我们远程视频，帮助老年人排遣寂寞，保证他们的心理健康。”赵某还提到，“在移动侦测技术的支持下，系统如果 4～8 个小时监测不到老年人的活动，就会发短信提醒我们。”

前段时间，63 岁的张某感冒严重，由于行动不便，他无法自己购买药品，便通过看护系统向老年社会工作者“喊话”，收到消息的赵某很快为他送来了药品。“这个系统为我解决了大问题！”张某激动地说。

“看护系统现在成了我们社工站的‘千里眼’和‘顺风耳’，能够实现社工站看全村、主任看全片、通过乡镇大屏看全镇空巢老人的功能，达到了村、片、镇三级共同看护特困供养人员的要求，进一步提高了我们的工作效率。”姜某表示。

2. 发挥社区养老服务功能

社区是空巢老人的主要生活场所，随着社区居家养老服务模式的推行，社区在提供养老服务方面的作用也日益凸显。老年社会工作者可以协助社区设立日间照料中心，为空巢老人提供膳食供应、保健康复、休闲娱乐等日间服务。

3. 宣传和落实相关政策

老年社会工作者应关注政府工作会议、政府文件等，熟悉相关的老年社会政策，并积极宣传和落实这些政策，为空巢老人谋福利。

例如，北京市民政局等十部门于 2024 年 2 月 4 日印发的《关于开展特殊困难老年人探访关爱服务的实施方案》中指出：“鼓励和支持基层老年协会、物业服务企业、社会工作服务机构和社会工作者、家庭医生、养老服务志愿者、邻里亲属等力量，共同参与特殊困难老年人探访关爱服务。”北京市的老年社会工作者应深入了解该方案的总体要求、主要任务、工作要求等，在社区内进行宣传，向可能符合相关社会保障政策待遇条件的特殊困难老年人提供咨询和指导服务，帮助他们解决居家养老困难、化解安全风险。

（二）满足空巢老人的精神需求

老年社会工作者可以采取鼓励空巢老人参与社区活动、提供心理咨询服务、协助空巢老人改善家庭关系等措施满足空巢老人的精神需求，从而改善他们的精神状态。

1．鼓励空巢老人参与社区活动

老年社会工作者可以鼓励空巢老人参与社区文化活动、志愿服务活动等，以提高空巢老人的社会参与度，减轻他们的孤独感。

2．提供心理咨询服务

老年社会工作者应持续关注空巢老人的心理健康状况，为有需要的空巢老人提供一对一的心理咨询服务，帮助他们更好地理解焦虑、抑郁、孤独等消极情绪产生的原因，并采取合理的措施予以应对。此外，老年社会工作者还可以组织心理沙盘、心理绘画、心理素质拓展等活动，帮助空巢老人宣泄消极情绪、重塑健康心理。

3．协助空巢老人改善家庭关系

良好的家庭关系可以为空巢老人提供必要的情感支持，帮助他们应对消极情绪。老年社会工作者可以采取帮助空巢老人调解家庭矛盾、鼓励空巢老人定期与家属见面、指导空巢老人使用微信等即时通信软件与家属保持日常联系等措施，帮助他们改善家庭关系，使他们感受到家庭的温暖和关怀。

如何帮助空巢老人调解家庭矛盾

（三）协助空巢老人构建社会支持网络

社会支持网络可分为非正式的社会支持网络和正式的社会支持网络。其中，非正式的社会支持网络主要由老年人的家属、朋友、邻里等构成；正式的社会支持网络则主要由政府、机构和其他社会组织构成。老年社会工作者应考虑到社会支持网络多层次、多维度的特点，按照评估、强化、拓展的步骤协助空巢老人构建社会支持网络。

1．评估

老年社会工作者可以使用社会支持评定量表（见表 7-1）等工具对空巢老人现有的社会支持网络进行初步评估，以了解空巢老人与家属、朋友、邻里等的关系，以及空巢老人能够获得的其他社会支持。

表 7-1 社会支持评定量表

指导语：下面的问题主要反映了您在社会上所能获得的支持的程度
（1）您有多少关系密切且能够得到其支持和帮助的朋友？（　　） A．一个也没有　B．1～2 个　C．3～5 个　D．6 个或 6 个以上
（2）近一年来，您（　　）。 A．远离家属，且独居一室 B．住处经常变动，多数时间和陌生人住在一起 C．和同学、同事或朋友住在一起 D．和家属住在一起
（3）您与邻居（　　）。 A．相互之间从不关心，只是点头之交　B．遇到困难可能稍微关心 C．有些邻居很关心您　D．大多数邻居都很关心您

续表

<table>
<tr><td>(4) 您从家庭成员中能够得到的支持和照料（从无、极少、一般、全力支持四个选项中，选择合适选项）：
① 配偶　A. 无　B. 极少　C. 一般　D. 全力支持
② 父母　A. 无　B. 极少　C. 一般　D. 全力支持
③ 子女　A. 无　B. 极少　C. 一般　D. 全力支持
④ 兄弟姐妹　A. 无　B. 极少　C. 一般　D. 全力支持
⑤ 其他成员（如嫂子）　A. 无　B. 极少　C. 一般　D. 全力支持</td></tr>
<tr><td>(5) 您在遇到急难情况时，曾经得到的经济支持和实际帮助的来源有（　　）。
① 无任何来源；
② 下列来源（可选多项）：
A. 配偶　B. 其他家属　C. 亲戚　D. 朋友　E. 同事　F. 工作单位
G. 党团工会等官方或半官方组织　H. 宗教、社会团体等非官方组织　I. 其他（请列出）</td></tr>
<tr><td>(6) 您在遇到急难情况时，曾经得到的安慰和关心的来源有（　　）。
① 无任何来源
② 下列来源（可选多项）：
A. 配偶　B. 其他家属　C. 亲戚　D. 朋友　E. 同事　F. 工作单位</td></tr>
<tr><td>(7) 您遇到烦恼时的倾诉方式是（　　）。
A. 从不向任何人诉述　B. 只向关系极为密切的几个人诉述
C. 如果朋友主动询问，您会说出来　D. 主动诉说自己的烦恼，以获得理解和支持</td></tr>
<tr><td>(8) 您遇到烦恼时的求助方式是（　　）。
A. 只靠自己，不接受他人帮助　B. 很少请求他人帮助
C. 有时请求他人帮助　D. 经常向家属、亲友、组织求助</td></tr>
<tr><td>(9) 对于团体（如党团组织、志愿组织、工会等）组织的活动，您（　　）。
A. 从不参加　B. 偶尔参加　C. 经常参加　D. 主动参加并积极表现</td></tr>
</table>

2. 强化

老年社会工作者应根据评估结果强化空巢老人已有的社会关系，帮助空巢老人与他人建立更友好、更紧密的关系，以提高空巢老人抵抗风险的能力。具体来说，老年社会工作者可以从以下几个方面入手：

（1）在空巢老人身体条件、经济条件等允许的情况下，鼓励丧偶独居的空巢老人再婚，使其能够重新建立亲密关系。

老年社会工作者要对有再婚意愿的空巢老人进行择偶心理引导，帮助其树立正确的婚姻观；还要帮助空巢老人协调子女关系，避免再婚问题引发家庭矛盾。

（2）在传统节日、亲友生日等特殊的日子，鼓励空巢老人与亲友交流，以增进彼此之间的感情。

（3）根据空巢老人的需求，为他们组建定期聚会小组，如“老友聚”小组、“快乐聚会趴”小组等。

3．拓展

虽然家属、朋友、邻里，以及政府、社区等多方力量为空巢老人提供了一定的资源，但这些资源可能会因出现各种情况而无法发挥作用。例如，空巢老人因信息闭塞而难以获取政策信息，因认知有限而不知如何申请社会救助等。因此，老年社会工作者应采取以下措施对可获得的资源进行挖掘和整合，以拓展空巢老人的社会支持网络：

（1）与社区居委会合作，共同创建社区空巢老人信息档案，并积极与定点医院建立畅通的信息渠道，及时更新空巢老人的诊疗记录、健康信息等。

（2）开发社区志愿者资源，并对志愿者进行培训，鼓励和组织志愿者为空巢老人提供陪伴、代购、送餐等服务。在人力、资金等资源充足的情况下，老年社会工作者还可以安排志愿者为空巢老人提供一对一帮扶服务。

（3）邀请有资质的社会组织进入社区，通过公益创投项目或专项资金项目的形式，搭建社区支持系统。同时，老年社会工作者还可以发动空巢老人的亲友参与其中，鼓励他们积极、主动地填报空巢老人服务申请或求助信息，使空巢老人能够获得有针对性的服务。

助老为乐

颜某的日常：优化空巢老人服务

杨奶奶和于爷爷膝下无儿无女，独自生活。2020年，于爷爷患上了阿尔茨海默病，逐渐出现行动困难的情况，最后瘫痪在床，杨奶奶不得不独自承担起照料于爷爷的重担。

2022年，杨奶奶经常感到体力不支，每个月带于爷爷去医院复诊这件事对她来说异常艰难。去医院的路程虽不算远，但由于杨奶奶不会使用智能手机，且于爷爷无法搭乘公共交通工具，她只能带着于爷爷乘坐昂贵的出租车。此外，由于于爷爷病情严重，很多司机都不敢接单，因此杨奶奶经常被拒载，只能站在马路边看着一辆又一辆汽车驶过……老年社会工作者颜某在了解情况后，决定帮助杨奶奶和于爷爷拓展社会支持网络。

第一步，为于爷爷配备轮椅，减轻杨奶奶的出行负担。颜某发挥资源链接者的作用，通过社会救助服务平台发布需求。很快，某外科医院的林主任就响应了该需求，为于爷爷捐赠了一辆轮椅，并表示愿意以爱心结对的方式帮扶于爷爷，为于爷爷提供定期上门护理服务。

第二步，制订“近配远亲”服务方案。在了解于爷爷配药复诊的周期和每次复诊的时长后，颜某为其制订了有针对性的服务方案，主要包括两个方面的内容：① 就近配药，使得杨奶奶推着轮椅，步行几分钟即可在附近的卫生院配到于爷爷日常所需的药品；② 组建陪诊志愿服务队，在陪诊手册中补充复诊路线，交由志愿者，由志愿者陪同复诊。

在颜某的帮助下，杨奶奶的压力减轻了许多。她动情地表示："多亏你们，帮我解了燃眉之急啊！"

（资料来源：颜巧巧，《优化孤寡老人服务——城西社工的日常》，社工中国网，2022年11月23日）

任务实施

为齐爷爷设计服务方案

【任务描述】

老年社会工作者小朴在核对社区特殊困难老年人的家庭信息时，接触到一位空巢老人齐爷爷。在与齐爷爷沟通的过程中，小朴了解到以下信息：

齐爷爷今年84岁，患有高血压、关节炎等慢性病，需要依靠单拐行走。由于年纪过大，齐爷爷无法进行手术治疗，平时只能靠吃药控制病情。齐爷爷未结过婚，也未生育子女，无旁系亲属，独自一人居住。齐爷爷无劳动能力、无经济来源，缺少基本生活物资。此外，由于行动不便，齐爷爷大多数时间只能一个人待在家中，内心比较孤独。身体的不适和内心的孤独感使齐爷爷十分悲观，逐渐丧失了对生活的信心。

鉴于齐爷爷的问题较为严重，在征得齐爷爷的同意后，小朴与齐爷爷建立了专业关系。

【任务要求】

（1）学生自由分组，每组6~8人，并选出一名小组长。

（2）各小组根据上述案例，就以下问题进行讨论：① 齐爷爷面临哪些问题？② 如果你是小朴，你会采用哪些方法为齐爷爷提供服务？

（3）小组成员汇总、整理讨论结果，并撰写服务方案。

（4）小组长提交服务方案，主讲教师对各小组的服务方案进行点评。

任务三　服务受虐待老年人

任务导入

在一次社区走访工作中，小李发现居住在某小区12栋的何爷爷独自待在家中。奇怪的是，何爷爷家里的客厅、厨房、卫生间都较为整洁，何爷爷的卧室里却杂乱无章，房间里堆放了一些落满灰尘的旧家具、旧电器，床上的被褥泛黄。此外，何爷爷身上穿的衣服看起来十分破旧，还散发出阵阵异味，似乎已经很久没有换洗过。

通过与何爷爷交谈，小李了解到，何爷爷与儿子一家同住，白天儿子和儿媳需要外出工作，家里只留下他一个人。在交谈的过程中，小李注意到何爷爷的手臂有多处淤青，问其原因，何爷爷沉默不语，表情紧张。小李立刻前往社区居委会进一步了解情况。

原来，何爷爷之前和妻子一起生活，由妻子照料他的饮食起居。妻子去世后，照料何爷爷的责任就落在了儿媳身上。儿媳认为何爷爷不讲卫生，而且一起生活十分不便，为此常常打骂何爷爷，有时还不让何爷爷吃饭。何爷爷的儿子去外地出差时，儿媳还经常将何爷爷反锁在家中。小李还了解到，何爷爷的退休金都交由儿媳保管，身上常常没有零花钱。

思考：

（1）哪些现象表明何爷爷疑似受到虐待？属于哪种类型的虐待？

（2）受虐待老年人的评估方法有哪些？上述案例中，小李采用了哪些方法对何爷爷进行评估？

（3）小李应如何为何爷爷提供社会工作服务？

虐待老年人是指在本应受到尊重和保护的环境中，发生一次或多次伤害老年人身体或心理的行为，或在老年人身体和心理受到伤害时未采取适当的行动，导致老年人处境困难的行为。虐待老年人问题一直是我国十分重视的社会问题。《老年人权益保障法》第三条第三款规定："禁止歧视、侮辱、虐待或者遗弃老年人。"第七十六条规定："干涉……，虐待老年人或者对老年人实施家庭暴力的，由有关单位给予批评教育；构成违反治安管理行为的，依法给予治安管理处罚；构成犯罪的，依法追究刑事责任。"

老年社会工作者应关注老年人受虐待问题，及时为受虐待老年人提供帮助。

一、虐待老年人的类型

虐待老年人的类型包括身体虐待、精神虐待、经济虐待、疏于照料等。

（一）身体虐待

身体虐待是指照料者通过暴力或监禁等手段伤害老年人身体的行为，具体表现为以下行为：

（1）采取击打、推搡、摇晃、掌掴、烧烫、捏掐、刺伤和体罚等行为，致使老年人产生身体上的疼痛。

（2）剥夺老年人的基本需求，如不允许老年人吃饭、喝水等。

（3）强迫老年人，如强行灌食、强迫老年人超负荷劳动等。

（4）限制老年人人身自由，如将老年人锁在房中。

身体虐待可能会导致老年人擦伤、烧伤、烫伤、骨折等，或者出现一些异常行为，如外出活动减少、行为方式明显改变、与人接触时眼神躲闪等。

课堂互动

田某与他63岁的父亲共同生活。以下行为中，哪些属于对老年人进行身体虐待的行为？

（1）田某酗酒后，经常对他的父亲拳打脚踢。

（2）田某拖地后未及时拖干水渍，导致父亲摔伤。

（3）由于父亲经常失眠，田某遵医嘱给父亲服用了有助眠功效的药品。

（4）田某下班回到家中，发现父亲没有准备晚饭，他十分生气，将父亲锁在房中。

（二）精神虐待

精神虐待又称心理虐待，是指照料者用语言或非语言的方式使老年人遭受精神上的痛苦的行为，具体表现为以下行为：

（1）对老年人进行言语攻击，经常责骂、威胁或恐吓老年人，致使老年人承受极大的心理压力。

（2）故意为难老年人，强迫老年人做违背自身意愿的事情。

（3）有意阻碍老年人与外界接触，如禁止老年人与朋友见面、参与社会活动等。

（4）不尊重老年人的隐私。

精神虐待可能会使老年人产生较大的情绪波动，甚至逐渐形成孤僻、怪异的性格，出现抑郁情绪或产生认知障碍。此外，受精神虐待的老年人普遍会对施虐者表现出害怕、退缩、愤怒或咄咄逼人的态度。

（三）经济虐待

经济虐待是指照料者非法剥夺老年人的个人财产或其他有价物品的行为，具体表现为以下行为：

（1）滥用或盗取老年人的钱财。

（2）剥夺老年人使用和控制个人资金的权利。

（3）胁迫老年人更改遗嘱中有关财产分配的内容。

（4）不为老年人提供维持其基本生活所需的资金。

由于依赖他人照料、没有能力抵抗暴力、与社会隔绝等，老年人更容易遭受经济虐待，他们可能会迫于暴力放弃养老金、房产等重要资产，从而陷入生活困境。老年社会工作者应关注老年人在经济方面的异常行为，如老年人抱怨没钱、突然降低消费水平等。

（四）疏于照料

疏于照料是指照料者未能尽到照料老年人的责任，不主动采取行动满足老年人的基本生活需求，拒绝为老年人提供适当的支持，或完全忽视老年人的行为，具体表现为以下行为：

（1）拒绝为老年人提供舒适的居住环境和基本的生活费。

（2）拒绝为老年人提供必要的药物或医疗护理用品。

（3）长期不理睬或不探望老年人。

（4）未对老年人进行必要的监护，不能保证老年人的安全，也不能防止老年人受到身体上的伤害。

被疏于照料的老年人往往身心状况欠佳，可能会出现脸色苍白、身体乏力、嘴唇干裂、身上有异味、体重较轻等明显的外在特征。

鲁某，69岁，患有阿尔茨海默病，生活难以完全自理。他的儿子小鲁因工作太忙无法照料他，便随便安排他入住了一家价格便宜、条件一般的养老院。养老护理员罗某负责鲁某的日常护理，刚开始鲁某还能够自己吃饭、洗澡，罗某仅需进行日常看护。随着鲁某的病情逐渐加重，他有时会光着身体乱窜，甚至随地大小便。久而久之，罗某便对鲁某心生厌烦。为了出气，罗某多次无故以扇耳光、用抹布打脸等方式殴打鲁某，还经常辱骂鲁某，甚至私自拿走鲁某的贵重手表。

请问：鲁某遭受了哪些虐待？施虐者分别是谁？

二、受虐待老年人的评估

许多受虐待老年人由于处境困难或者存在心理障碍，可能无法主动寻求帮助。此外，随着年龄的增长，老年人或多或少都会出现性格孤僻、情绪波动较大等特点，这些特点与老年人受虐待时的某些症状相似，可能会导致老年人受虐事件被忽视。因此，老年社会工作者应采用多种方法对老年人进行评估，以便及时发现受虐待老年人，减少老年人所遭受的伤害。

（一）直接观察

老年社会工作者可以结合自己的专业知识和经验，观察疑似受虐待老年人的身体状况、心理状况、日常生活能力、生活环境等，进而判断其是否正在遭受虐待。观察的具体内容如下：

（1）老年人的居住环境中是否有很多垃圾、杂物或有异味。

（2）老年人的身体、衣服和头发是否整洁。

（3）老年人身上是否有伤痕，若有，老年人是否有意隐藏身上的伤痕，是否有合理的理由解释伤痕的形成原因。

（4）老年人是否在某些人在场的时候会出现紧张、逃避或激动等情绪反应。

（5）老年人是否异常警觉或容易受到惊吓。

（6）老年人是否存在用药不足、用药过量、营养不良等情况。

（7）老年人外出和参与社交活动的频率是否降低。

（8）老年人的认知功能如何。

（9）老年人近期在记忆方面是否出现异常。

（10）老年人是否出现抑郁情绪；若已出现抑郁情绪，其抑郁情绪是否加重。

（11）老年人是否经常说一些贬低自己的话语，如“我真是一个没用的人”“我拖累了我的家属”等。

受虐待老年人由于长期遭受身体或精神上的折磨，可能会将照料者诋毁性的话语当作事实，并反映在自己的日常生活中。因此，老年社会工作者要留意老年人的消极表达，不要忽略老年人的情绪和想法。

（二）进行会谈

当发现老年人可能被虐待时，老年社会工作者应选择没有他人在场的时机与老年人进行会谈，避免受虐待老年人与施虐者直接对峙，以减轻其心理压力。在会谈过程中，老年社会工作者可以从以下问题入手：

（1）老年人是否曾遭受推搡、掌掴、烧烫或其他形式的身体虐待。

（2）老年人是否曾被长期单独留在家中、被捆绑在床上或被锁在房间内。

（3）照料者是否曾不让老年人吃饭、用药或就医。

（4）老年人是否曾遭受他人的恐吓、威胁。

（5）老年人是否曾被迫将财产转让给他人，或者其钱财是否曾被强行拿走。

（6）老年人与施虐者关系如何。

课堂互动

老年社会工作者小刘发现平时热爱参与社区活动的曹奶奶近期很少出门，且在人多的场合总是下意识地躲避，手腕上还有明显的淤青。小刘怀疑曹奶奶受到虐待，于是打算入户探访。

请一人扮演小刘，一人扮演曹奶奶，模拟两人的会谈过程。

（三）使用评估工具

老年社会工作者可使用问卷、量表、医疗设备等评估工具对老年人是否遭受虐待、受虐待的类型和严重程度等进行评估，具体如下：

（1）使用标准化的问卷收集老年人的基本信息和身体状况、心理状况、社会支持等方面

的信息，评估老年人是否存在受虐待的风险或是否已经遭受了虐待。

（2）使用“照顾者虐待老年人评估量表”等专业量表对老年人进行评估，并将量表结果与虐待筛查指标对比，了解老年人是否已经遭受虐待以及遭受虐待的严重程度。

（3）寻求医生或其他专业人员的帮助，借助各种医疗设备对老年人进行健康检查、心理测试、认知功能检查（见图 7-2）等，了解老年人的身体状况、心理状况、认知功能、日常生活能力等，进一步提高评估的准确性和有效性。

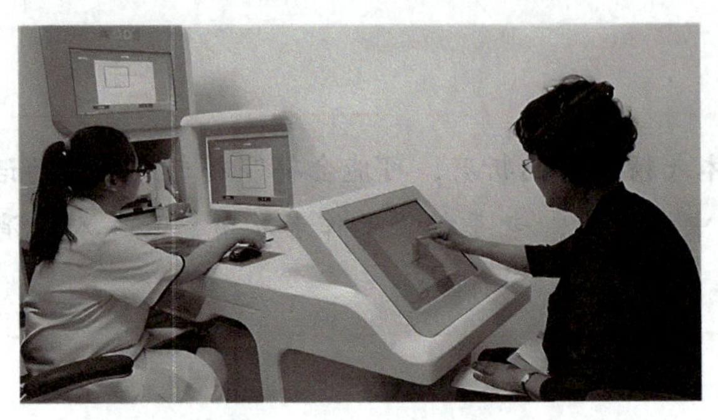

图 7-2　对老年人进行认知功能检查

照顾者虐待老年人评估量表

小贴士

除了对老年人进行评估，老年社会工作者还可以使用问卷、量表等工具了解照料者对老年人是否存在消极行为或消极思想倾向，以便及时发现老年人被虐待的风险。

三、服务受虐待老年人的方法

（一）建立信任关系

老年社会工作者在与老年人接触时，要与老年人建立起信任关系。只有这样，老年人才能够放下戒备，积极地接受老年社会工作者的帮助。在建立信任关系时，老年社会工作者应注意以下几点：

（1）为老年人营造安全的服务环境，帮助老年人远离施虐者，使老年人明白其身处于可以受到保护的地方，并且有人关心他们的福祉。

（2）耐心、认真地倾听老年人讲述的内容，不随意打断和质疑老年人。

（3）简洁、有条理地与老年人交谈，确保老年人能够理解谈话的内容。在面对存在听力障碍或语言障碍的老年人时，可以适当运用表情和肢体语言推动沟通顺利进行。

（4）照顾好老年人的情绪，注意观察老年人的反应，避免过度刺激老年人。

（5）始终保持尊重和理解的态度，坚信老年人具备克服当前困境的勇气和潜力。

（6）对老年人的个人信息进行保密，以防老年人遭受进一步的虐待。

（二）提供支持性辅导

受虐待老年人承受着身体和精神上的双重伤害，因此需要更多的支持和鼓励。老年社会工作者可以通过以下方式，为受虐待老年人提供支持性辅导：

（1）引导老年人正确认识受虐待问题。老年社会工作者要帮助老年人了解照料者的哪些行为属于虐待行为，同时引导老年人认识到受虐待并不是他们的过错，他们不应该为受虐待事件感到自责，也不应该忍受别人的恶意对待。

（2）与老年人一起制订解决受虐待问题的计划。在制订计划的过程中，老年社会工作者要明确告知老年人在实施计划的过程中可能出现的问题，并提出有针对性的解决方案，以缓解老年人紧张和焦虑的状态。

（3）定期入户探访。老年社会工作者可以进行入户探访，了解老年人近期的生活情况，为老年人做一些力所能及的事情。同时，为老年人提供精神慰藉，增强老年人摆脱困境的信心。

（4）拓展老年人的社会支持网络。老年社会工作者可以鼓励老年人参与社区中有益身心健康的活动，加强与他人的联系。

必要时，老年社会工作者还可以为照料者提供一定的支持性辅导，帮助他们掌握调节消极情绪、解决与老年人之间的冲突等方法，从而减少虐待老年人事件的发生。

（三）调整环境

老年社会工作者可以通过改变老年人的居住环境来提高老年人的生活自理能力，在一定程度上减轻照料者的压力，从而降低照料者虐待老年人的可能性。老年社会工作者可以通过以下两种方式调整环境：

（1）对老年人的居住环境进行适老化改造。适老化改造是指通过物理空间改造、设施设备配备、老年用品配备等方式，减小老年人居家空间中的通行障碍、操作障碍、信息障碍等对老年人的影响，从而改善老年人居住环境的活动。例如，在浴室地面铺设防滑地胶，在便器旁、淋浴区设置助力扶手，在适当位置设置洗澡椅，如图 7-3 所示。

（2）协助老年人入住日间照料中心。老年人可以白天在日间照料中心接受专业人员的照料，晚上回到家中由家属照料。一方面，家属等照料者的压力可以得到缓解；另一方面，老年人可以在日间照料中心学习自我照料的知识和技巧，也可以与日间照料中心的其他老年人交往，拓展自己的社交圈。

图 7-3 经过适老化改造的浴室

（四）链接司法维权服务资源

随着社会对老年人受虐待问题的日益重视和相关法律的逐步健全，老年社会工作者可以充分发挥自己作为资源链接者的作用，为受虐待老年人链接有效的法律援助资源，如法律援助中心、老年人权益保护组织等。同时，老年社会工作者应协调各方资源及时介入，以确保受虐待老年人得到应有的保护，如联系医疗机构提供医疗证明、寻找证人等。

此外，老年社会工作者还可以与公安机关、检察院、法院等司法机关建立良好的关系，遇到危机事件及时上报，确保受虐待老年人能够得到及时、有效的司法援助。

任务实施

开展“尊老防虐”宣传活动

【任务描述】

以小组为单位，在学校附近的社区开展“尊老防虐”宣传活动，以帮助老年人正确认识受虐待问题，增强社区居民尊重老年人、关爱老年人的意识。

【任务要求】

（1）学生自由分组，每组 6～8 人，并选出一名小组长。

（2）小组成员共同讨论宣传的内容，如哪些行为属于虐待老年人的行为、受虐待老年人可以通过哪些方法得到帮助等。

（3）各小组选择不同的社区开展“尊老防虐”宣传活动。注意：活动形式不限，包括但不限于在社区宣传栏张贴海报、在社区设置宣传点、举办宣讲会等。在活动期间，小组成员可以与老年人闲聊、组织老年人开展游戏等，以消除老年人的紧张情绪，使老年人能够主动参与活动。

（4）小组成员汇总、整理活动记录，并根据宣传内容和活动过程制作 PPT。

（5）小组长进行课堂展示，主讲教师对各小组的表现进行点评。

任务四　服务临终老年人

任务导入

芳奶奶，93岁，中年丧偶，没有子女，与侄子共同居住在A社区，由侄子照料她的日常生活起居。芳奶奶的侄子十分关心芳奶奶，主动承担了芳奶奶的医疗费用和日常生活开支，还让芳奶奶自己保管养老金、节日红包等。因此，芳奶奶的经济状况较好，基本能够满足日常生活所需。芳奶奶性格温和，和侄子关系融洽，没事的时候就坐在小区里晒太阳，偶尔与路过的邻居打招呼。

三个月前，芳奶奶曾因肺水肿入院，经过一段时间的治疗后，病情有所好转，但她的身体机能已经远不如从前，腿部长期处于水肿状态，行动略有不便。一个月前，芳奶奶不慎在家跌倒，手、面部和膝盖都有不同程度的摔伤，身体机能进一步衰退。近期，芳奶奶出现意识模糊的情况，进食的次数越来越少，饭量也越来越小。芳奶奶的侄子多次劝说芳奶奶去医院进行全面检查，但芳奶奶担心自己进了医院就再也出不来了，一提到去医院就会情绪失控。

无奈之下，芳奶奶的侄子向A社区养老服务中心求助。小李听说这件事后，立刻陪同医务人员上门对芳奶奶进行健康检查，医务人员表示芳奶奶身体状况不佳，建议为芳奶奶提供临终关怀服务。

思考：

（1）根据上述资料，芳奶奶可能存在哪些需求？

（2）什么是临终关怀？

（3）如果你是小李，你会如何为芳奶奶提供临终关怀服务？

一、临终老年人的需求

为了提高临终老年人的生命质量，帮助临终老年人舒适、安宁地度过生命的最后阶段，老年社会工作者要密切关注临终老年人的生理和心理需求。

（一）生理需求

临终老年人普遍面临肌肉失去张力、呼吸功能减退、循环功能减退、胃肠蠕动减弱等生理变化，从而出现诸多不适症状，如表7-2所示。因此，他们最主要的生理需求是控制病痛，缓解不适症状。

表 7-2　临终老年人的生理变化及其带来的不适症状

生理变化	不适症状
肌肉失去张力	吞咽困难、肢体软弱无力、大小便失禁等
呼吸功能减退	呼吸困难、呼吸频率变慢、呼吸变浅等
循环功能减退	心率变慢、血压下降等
胃肠蠕动减弱	食欲不振、恶心、呕吐等

（二）心理需求

在临终期，由于病情、思想观念、年龄、性格等不同，临终老年人会出现不同的心理状态。例如，有的临终老年人会产生愤怒、暴躁等情绪，不愿意接受治疗或对治疗过程吹毛求疵，甚至对家属和医务人员恶语相向；有的临终老年人过度悲观甚至绝望，具体表现为情绪低落、意志消沉、沉默寡言等。因此，临终老年人普遍存在维护自身尊严、得到家属的关心和陪伴、得到专业的心理疏导服务等心理需求。

二、服务临终老年人的方法

老年社会工作者可以通过介入临终关怀的方式为临终老年人提供服务。临终关怀是指为临终老年人及其家属提供全面的支持和照料服务，使临终老年人能够舒适、安宁地度过人生的最后阶段，其家属的身心健康得到保障。

一般来说，老年社会工作者可以通过老年个案工作、老年小组工作和老年社区工作三种方法介入临终关怀。

（一）通过老年个案工作介入临终关怀

1. 针对临终老年人的个案工作

老年社会工作者可以通过老年个案工作，帮助临终老年人控制病痛、调整情绪状态、正确认识现状，具体做法如下：

（1）关注病痛控制问题。老年社会工作者可以发挥跨专业资源整合的作用，协同医生、护士等专业人员帮助临终老年人控制病痛。

（2）为临终老年人提供安全的环境，营造出平和、舒适的氛围，并协助临终老年人调整自己的情绪和情感，使临终老年人勇于表达自己对死亡的看法和感受，理智地面对死亡。

（3）引导临终老年人进行人生回顾，使其发现生命的意义和价值，并树立积极、乐观的心态，理智地规划自己的临终生活。

临终老年人的心理护理

人生回顾是指回顾、评价自己的人生经历，剖析生命历程中未被解决的问题，从而发现新的生命意义的一种心理和精神干预措施。

2. 针对临终老年人家属的个案工作

（1）对临终老年人家属进行死亡教育，帮助他们树立正确的生死观，使他们理解死亡是人类生命历程的必然组成部分。

（2）为临终老年人家属提供咨询服务，指导他们学习临终照料的方法和技巧，帮助其消除无力感和无助感。

（3）为临终老年人家属提供哀伤辅导服务。临终老年人家属可能会承受巨大的痛苦，容易陷入自我否定、伤感、内疚等复杂的心理状态。为其提供哀伤辅导服务，可以帮助他们摆脱亲人临终时的各种情绪困扰，使他们能够及时调整消极状态，尽快恢复正常的生活。

临终关怀，抚平生命最后时光的忧与愁

平婆婆，67岁，是某社区的一名特殊困难老年人，重度失能，长期卧床。平婆婆丧偶，她的儿子小平长期在外地务工，较少回家，两人关系较差。

2024年2月，平婆婆病情加重，社区工作人员得知平婆婆的情况后，立即安排老年社会工作者小杜紧急介入，并将平婆婆送往医院救治。入院后，平婆婆产生了严重的消极情绪。小杜在探访过程中运用积极倾听、同感等技巧引导平婆婆表达自己的想法，并引导平婆婆回忆年轻时的往事，使其心情得到了放松。

2024年4月，平婆婆病情恶化，经专家诊断，平婆婆存在脑梗死后遗症，且患有肺部感染等疾病，出现了意识不清、无法进食等情况。在生命的最后时刻，平婆婆表示十分想念儿子，想见儿子最后一面。为了满足平婆婆的愿望，小杜主动联系小平，小平很快赶到了医院。看到憔悴的母亲，小平掩饰不住哀伤，他抓住平婆婆的手，自责又内疚地说："以后我会听您的话，您一定要好起来。"平婆婆看到儿子后，心情十分激动，她含泪点了点头，随后紧握小杜的手，无言地表示感激。考虑到小平复杂的心理状态，小杜对小平开展了哀伤辅导，帮助小平及时调整消极状态。

2024年5月9日，小杜接到小平的电话，得知平婆婆于前一天下午离世，走得很安详。小杜立即协助小平处理平婆婆的遗物并办理后事。此后几天，小杜通过电话对小平进行了回访。小平表示："感谢您的帮助与陪伴，不然我和我母亲都不知道该怎么度过这段日子。"

（二）通过老年小组工作介入临终关怀

老年社会工作者可以组建临终老年人小组和临终老年人家属小组，为临终老年人及其家属提供交流平台，使他们获得一定的精神支持。

1. 组建临终老年人小组

在临终老年人小组中，老年社会工作者可以引导临终老年人相互分享人生经验和人生感悟，协助他们保持良好的精神状态，以积极的心态面对死亡。例如，老年社会工作者可以开展“留住美好时光，守护爱的记忆”活动，帮助老年人在临终期正确评价自己的一生，并与组员分享自己的生活经历，共同探讨人生的意义、收获、经验等。此外，老年社会工作者还可以组织歌唱比赛、牵手游戏等活动，为临终老年人创造与他人平等交往的机会，丰富临终老年人的精神文化生活。

2. 组建临终老年人家属小组

老年社会工作者可以将临终老年人家属组织起来，与他们一起开展死亡讨论会、情感分享会等活动。开展这些小组活动不仅可以帮助临终老年人家属从其他有类似经历的组员处获得情感支持，还可以加深他们对生命和死亡的认知、缓解他们照料老年人时的消极情绪等，从而帮助他们更好地应对老年人临终期的挑战。

（三）通过老年社区工作介入临终关怀

老年社会工作者可以通过老年社区工作整合社区资源，为临终老年人营造良好的社区环境，具体如下：

（1）在与社区组织建立良好关系的基础上，积极开发、整合、利用社区内的各种资源，使临终老年人能够享受更完善的社区服务。例如，老年社会工作者可以整合各方资源，在社区医院设立临终关怀病房，为临终老年人提供相应的医疗服务，减轻临终老年人的痛苦。

（2）开展关于死亡教育和临终关怀的宣讲活动，帮助社区居民正确看待死亡并了解如何照料临终老年人，从而为临终老年人创造注重人文关怀的社区环境，使临终老年人能够获得更广泛的支持。

任务实施

为庄爷爷设计服务方案

【任务描述】

庄爷爷和妻子丁奶奶居住在某村一间破旧的瓦房里，两人育有一儿一女，经济状况一般。庄爷爷肢体三级残疾，曾多次中风，患有脑梗死后遗症、高血压、脑萎缩、癫痫、肺气肿等疾病。2024 年 2 月，庄爷爷因开放性脑出血住院治疗，经医生诊断，庄爷爷已时日不多，于是丁奶奶将他接回家中照料。近期，庄爷爷的身体状况每况愈下，逐渐失去行动能力，面对这种情况，丁奶奶感到疲惫不堪、焦虑无助。庄爷爷的子女决定向机构求助，为庄

爷爷寻求临终关怀服务。

【任务要求】

（1）学生自由分组，每组 6～8 人，并选出一名小组长。

（2）各小组根据上述案例，就以下问题进行讨论：① 庄爷爷面临哪些问题？② 庄爷爷的家属面临哪些问题？③ 如果你是负责该案的老年社会工作者，你会通过哪些方法为庄爷爷及其家属提供服务？

（3）小组成员汇总、整理讨论结果，并撰写服务方案。

（4）小组长提交服务方案，主讲教师对各小组的服务方案进行点评。

学习成果自测

1．填空题

（1）____________是指由神经退行性变、脑血管病变、感染、外伤、肿瘤、营养代谢障碍等多种原因引起的一种大脑综合征，是常见的老年疾病之一。

（2）失智老年人的症状主要包括____________、____________、____________、执行功能障碍、抽象思维能力下降、情绪波动较大、性格改变和行为异常等。

（3）空巢老人面临的问题包括____________、________________、心理健康问题、安全问题、社会融入问题等。

（4）虐待老年人的类型包括____________、____________、____________、疏于照料等。

2．单项选择题

（1）骆爷爷是一名失智老年人，近期，他出现了以下行为。其中，（　　）属于定向障碍。

A．忘记做饭的步骤

B．找不到自己的家在哪里

C．重复言语

D．经常毫无缘由地大发雷霆

（2）下列选项中，（　　）不属于空巢老人。

A．刘爷爷：80 岁，无儿无女，也未曾结婚，独自居住在农村的自建房里

B．王伯伯：69 岁，无儿无女，和妻子王婶一起生活

C．赵师傅：70 岁，子女都在外地工作，很少回家，赵师傅和保姆小赵一起生活

D．孙老师：67 岁，有一儿一女，儿子在外地，孙老师和女儿一起生活

（3）为了强化空巢老人的社会支持网络，老年社会工作者可以（　　）。

A．邀请有资质的社会组织进入社区，搭建社区支持系统

B．使用社会支持评定量表对空巢老人现有的社会支持网络进行评估

C. 开发社区志愿者资源，鼓励和组织志愿者为老年人提供陪伴、送餐等服务

D. 鼓励空巢老人在传统节日、亲友生日等特殊的日子与亲友交流

（4）下列选项中，（　　）属于疏于照料。

A. 强迫老年人超负荷劳动

B. 长期不探望老年人

C. 滥用或盗取老年人的钱财

D. 责骂、威胁老年人

3. 简答题

（1）老年社会工作者应如何对失智老年人进行干预？

（2）老年社会工作者应如何协助空巢老人获得生活照料服务？

（3）简述评估受虐待老年人的方法。

（4）简述临终老年人的需求。

学习成果评价

请进行学习成果评价，并将评价结果填入表 7-3 中。

表 7-3　学习成果评价表

<table>
<tr><td>班级</td><td></td><td>组号</td><td></td><td>日期</td><td></td></tr>
<tr><td>姓名</td><td></td><td>学号</td><td></td><td>主讲教师</td><td></td></tr>
<tr><td>项目名称</td><td colspan="5">针对特殊老年人的社会工作服务</td></tr>
<tr><td>评价项目</td><td colspan="3">评价内容</td><td>满分</td><td>评分</td></tr>
<tr><td rowspan="8">理论知识
（40%）</td><td colspan="3">失智老年人的含义和症状</td><td>4</td><td></td></tr>
<tr><td colspan="3">服务失智老年人的方法</td><td>6</td><td></td></tr>
<tr><td colspan="3">空巢老人的含义和空巢老人面临的问题</td><td>4</td><td></td></tr>
<tr><td colspan="3">服务空巢老人的方法</td><td>6</td><td></td></tr>
<tr><td colspan="3">虐待老年人的类型和受虐待老年人的评估方法</td><td>4</td><td></td></tr>
<tr><td colspan="3">服务受虐待老年人的方法</td><td>6</td><td></td></tr>
<tr><td colspan="3">临终老年人的需求</td><td>4</td><td></td></tr>
<tr><td colspan="3">服务临终老年人的方法</td><td>6</td><td></td></tr>
<tr><td rowspan="2">实践技能
（40%）</td><td colspan="3">能够识别失智老年人、空巢老人、受虐待老年人、临终老年人等特殊老年人</td><td>20</td><td></td></tr>
<tr><td colspan="3">能够为特殊老年人提供社会工作服务</td><td>20</td><td></td></tr>
<tr><td rowspan="4">综合素养
（20%）</td><td colspan="3">乐于学习，勤于学习，善于学习</td><td>5</td><td></td></tr>
<tr><td colspan="3">具备团队精神，积极与他人合作</td><td>5</td><td></td></tr>
<tr><td colspan="3">做尊老、敬老、爱老、助老的倡导者和践行者</td><td>5</td><td></td></tr>
<tr><td colspan="3">始终秉持“以人为本、助人自助”的专业价值观</td><td>5</td><td></td></tr>
<tr><td colspan="4">合计</td><td>100</td><td></td></tr>
<tr><td>自我评价</td><td colspan="5"></td></tr>
<tr><td>教师评价</td><td colspan="5"></td></tr>
</table>

参考文献

[1] 王燕，韩杰坤．老年社会工作［M］．北京：中国财富出版社，2020．

[2] 倪赤丹，王娟．老年社会工作［M］．北京：北京理工大学出版社，2021．

[3] 李国珍．老年社会工作［M］．武汉：华中科技大学出版社，2022．

[4] 卞国凤．老年社会工作方法与实务［M］．2 版．北京：北京师范大学出版社，2021．

[5] 井世洁．老年社会工作［M］．北京：中国人民大学出版社，2020．

[6] 张玲，章小槟．老年社会工作［M］．南京：南京大学出版社，2023．

[7] 赵学慧．老年社会工作理论与实务［M］．2 版．北京：北京大学出版社，2024．

[8] 全国社会工作者职业水平考试教材编委会．社会工作实务：初级［M］．北京：中国社会出版社，2023．

[9] 全国社会工作者职业水平考试教材编委会．社会工作综合能力：初级［M］．北京：中国社会出版社，2023．